小学生心理健康教育

陈 寒 主编

吉林出版集团股份有限公司

图书在版编目（CIP）数据

小学生心理健康教育 / 陈寒主编. -- 长春 : 吉林
出版集团股份有限公司, 2022.6
ISBN 978-7-5731-1615-4

Ⅰ.①小… Ⅱ.①陈… Ⅲ.①心理健康—健康教育—
小学 Ⅳ.①G479

中国版本图书馆CIP数据核字(2022)第105547号

小学生心理健康教育
XIAOXUESHENG XINLI JIANKANG JIAOYU

主　　编　陈　寒

出 版 人　吴　强

责任编辑　蔡宏浩　崔雅轩

开　　本　787 mm × 1092 mm　1/16

印　　张　9.75

字　　数　200千字

版　　次　2022年6月第1版

印　　次　2022年6月第1次印刷

出　　版　吉林出版集团股份有限公司

发　　行　吉林音像出版社有限责任公司
　　　　　（吉林省长春市南关区福祉大路5788号）

电　　话　0431-81629667

印　　刷　三河市嵩川印刷有限公司

ISBN 978-7-5731-1615-4　　定　价　38.00元

如发现印装质量问题，影响阅读，请与出版社联系调换。

前　言

我国已进入加速推进现代化建设的阶段。在这样一个历史时期,教育越来越成为促进社会全面发展、推动科技迅猛进步、不断增强综合国力的重要力量,成为我国从人口大国逐步走向人力资源强国的关键因素。我国的教师教育正面临着前所未有的机遇和挑战。教师教育的改革与发展直接关系到百万教师的成长,关系到素质教育的全面推进,关系到一代新人思想道德、创新精神和实践能力的培养和提高,最终关系到推动科学发展、促进社会和谐、全面建成小康社会奋斗目标的实现。

现阶段,我国小学生心理健康工作是健康中国建设的重要内容,成为促进小学心理健康和全面素质教育发展的重要举措。小学生处于身心发育、行为习惯养成、心智成熟和个性发展的重要时期,他们能否健康、协调、全面地发展,关系到国家和民族未来的发展。加强小学生心理健康教育,共建学校、家庭和社会心理健康服务体系,关键的环节是教育者要科学、系统、全面地掌握心理健康辅导的基本理论、实施方法和操作技术,及时发现小学生成长发展中的心理行为问题,开展有效的心理辅导活动。只有这样,才能促进儿童青少年身心健康和谐发展,为共建健康中国奠定重要基础。

本书共分为六章,第一章讲了小学生心理健康教育的内涵与实质、历史与发展以及任务与内容;第二章讲了小学生生理及心理的发展;第三章讲了小学生心理健康教育的原则与方法;第四章讲了小学生心理健康教育与辅导方法;第五章讲了小学生心理健康教育活动设计;第六章讲了小学生心理健康教育的途径与形式。

限于编者的水平,书中的缺点和错误都在所难免,请专家、学者和广大师生提出批评和指正,以便使之更加完善。

编　者

2022 年 3 月

目　　录

第一章　小学生心理健康教育概述

本章导读▶

1. 了解心理健康、心理健康教育的概念，掌握心理健康的标准。
2. 了解小学生心理健康教育的内浴池与实质。
3. 了解小学生心理健康教育的任务与内容。
4. 了解小学生心理健康教育的历史与发展。

随着素质教育的稳步推进，关注少年儿童的身心健康已成为社会的共识及注意的热点，加强小学生心理健康教育已势在必行。本章介绍了小学生心理健康教育的理论，讲述了小学生心理健康教育的内涵、实质、历史、发展、任务以及内容。

第一节　心理健康教育概述

一、小学生心理健康教育的相关概念

理解和掌握小学生心理健康教育的概念是学习这门课程的基础和前提，下面我们就对相关概念做简要分析。

（一）健康的含义

提到健康，过去人们强调的是身体没有缺陷和疾病，即大部分人会认为"身体没病就是健康的"。但是，随着社会的发展及医学水平的提高，人类对健康的认识和理解也发生了质的变化。1948 年世界卫生组织在宪章中把健康定义为："健康不仅仅是没有疾病和虚弱的状态，而且是身体、心理和社会功能三方面都日臻完善的状态。"1977 年恩格尔在《科学》杂志上发表的论文中提出了一个基本的假设：健康和疾病是生物、心理、社会因

素相互作用的结果，即生物—心理—社会模式（biopsychosocial model）。这在医学和健康领域产生了广泛的影响。《简明不列颠百科全书》1985年中文版对健康的定义是："健康，是指个体能长时期地适应环境的身体、情绪、精神及社交方面的能力。"1990年世界卫生组织将健康阐述为："在躯体健康、心理健康、社会适应良好和道德健康四个方面皆健全。"世界卫生组织还提出了健康的十条标准。我们看到人类对健康的理解是逐渐发展的，现代健康的含义是多元的、广泛的。健康既包括生理的健康，也包括心理和社会适应性及道德等方面的健康，其中社会适应性归根结底取决于生理和心理的素质状况。心理健康是身体健康的精神支柱，身体健康又是心理健康的物质基础。

（二）心理健康的含义

到目前为止，学界对心理健康还没有一个统一的概念，人们从不同的角度根据自己的理解来定义心理健康，主要有以下这些提法。世界卫生组织认为，心理健康不仅指没有心理疾病或变态，个体社会生活适应良好，还指人格的完善和心理潜能的充分发挥，即在一定的客观条件下将个人心境发挥到最佳状态；《简明不列颠百科全书》认为，心理健康是指个人心理在本身及环境条件许可范围内所能达到的最佳功能状态，但不是十全十美的绝对状态；心理学家英格里希认为，心理健康是一种持续的心理状态，当事者在那种状态下能做出良好的适应，具有生命的活力，且能充分发展其身心的潜能，这乃是一种积极的、丰富的状况，不只是免于心理疾病而已；姚本先和伍新春认为，心理健康是指个体在适应环境过程中，生理、心理和社会性方面达到协调一致，保持一种良好的心理功能状态；叶一舵认为，心理健康是指个体在与各种环境的相互作用中，在内外条件许可的范围内，能不断调整自身心理结构，自觉保持心理上、社会上的正常或良好适应的一种持续而积极的心理功能状态。尽管国内外关于心理健康的定义有很多种，但它们还是有很多共同点：其一，基本上承认心理健康是一种心理状态；其二，视心理健康为一种内外协调统一的良好状态；其三，把适应（尤其是社会适应）良好看作心理健康的重要表现或重要特征；其四，强调心理健康是具有一种积极向上发展的心理状态。基于此，我们认为，心理健康就是指个体的生理、心理和社会性方面协调，对各种生存、生长环境适应，心理功能良好，保持积极而持续发展的状态。

心理健康是否有明确的衡量标准？我们依据什么标准来确定心理健康呢？

有关心理健康具体的标准，国内外的学者迄今为止也没有达成共识，人们从不同的角度给出了许多不同的标准。具有代表性的有以下几种。第三届国际心理卫生大会提出的心理健康标准是：（1）身体、智力、情绪十分协调；（2）适应环境，人际关系中能彼此谦让；（3）有幸福感；（4）在工作和职业中，能充分发挥自己的能力，过有效率的生活。马斯洛和密特曼提出的心理健康标准是：（1）有充分的安全感；（2）对自己有充分的了解，并能对自己的能力做出适当的评价；（3）生活理想和目标切合实际；（4）与周围环境保持良好的接触；（5）能保持自身人格的完整与和谐；（6）具有从经验中学习的能力；（7）保持良好的人际关系；（8）适度的情绪发展与控制；（9）在集体要求的前提下，较好地发挥自己的个性；（10）在社会规范的前提下，恰当满足个人的基本需要。我国学者刘华山提出的心理健康标准是：（1）对现实的正确认识；（2）自知、自尊与自我接纳；（3）自我调控能力；（4）与人建立亲密关系的能力；（5）人格结构的稳定与协调；（6）生活热情与工作效率。黄希庭教授提出的大学生的心理健康标准是：（1）智力正常；（2）情绪健康；（3）意志健全；（4）人格完整；（5）自我评价正确；（6）人际关系和谐；（7）适应能力强；（8）心理与行为符合大学生的年龄特征。

综合以上观点，我们认为小学生心理健康的标准为：（1）智力正常；（2）情绪适当；（3）意志品质良好；（4）人格统一完整；（5）自我评价正确；（6）人际关系和谐；（7）适应能力强；（8）心理与行为符合小学生的年龄特征；（9）发展趋势积极向上。

（三）心理健康教育的含义

当前心理健康教育活动在我国各地普遍开展起来了，但对心理健康教育的概念有许多不同的表述。我们总结梳理了相关的表述，除心理健康教育外，主要有心育、心理教育、心理素质教育、心理卫生、心理卫生教育、学校心理辅导、心理品质教育、心理咨询、心理治疗等。表述的不同表明人们在对心理健康教育的认识上存在分歧，在实施中的侧重有所不同。其实，从1999年1月开始，党中央、国务院及教育部的各种文件中就固定地使用"学校心理健康教育"一词。2002年教育部印发的《中小学心理健康教育指导纲要》（以下简称《纲要》）就明确指出"各地应根据中央和教育部的文件精神，对此项工作统一规范称为心理健康教育"。1999年8月教育部在《关于加强中小学心理健康教育的若干意见》中更明确了对心理健康教育的定义，即"中小学心理健康教育是根据中小学生生理、心理发展特点，运用有关的心理教育方法和手段，培养学生良好的心理素质，促进学生身心全面和谐发展和素质全面提高的教育活动"。我们认为这个定义是科学的、准确的和全面的。

我们需要对心理健康教育的内涵有进一步的理解，这对促进心理健康教育积极健康地发展是有益的。从这个定义中我们可以看出心理健康教育既是一种教育活动，也是一种教育形式。它是通过一系列的活动来实现心理健康教育的目标的。它是一种以发展为理念的教育活动，即促进学生的全面发展、促进全体学生的发展、促进学生潜能发展的活动；它是一种以学生为中心的教育活动，即在心理健康教育中强调以学生为中心，突出学生主体性、主动性、自觉性的活动；它是一种建立在新型人际关系基础上的教育活动，即心理健康教育是建立在积极的、新型的，相互之间尊重、理解、信任、支持的师生关系、生生关系基础上的活动；它也是一种以"他助—互助—自助"为基础的、有着自身独特形式的教育活动。

二、小学生心理健康教育的意义

（一）有利于促进学生的全面发展

我国学校教育的培养目标就是以马克思主义关于人的全面发展思想为理论基础，培养适应社会经济、文化建设所需要的全面和谐发展的各级各类人才。近年来党和国家提出的深化教育改革，全面推进素质教育的重大决定，就是要求全面推进素质教育，为学生的全面发展创造条件。开展心理健康教育就是要提高学生的心理素质，激发学生的潜能。心理健康是人全面发展不可或缺的一部分，因为人是一个身心统一体，全面发展理应包括身心的全面健康发展。另外，学生的心理健康教育与德智体美劳诸方面的教育有着密切的联系，有助于对全面发展教育的融通和优化，具有相互促进和相互制约的作用。因此，学校开展心理健康教育，有利于促进学生的全面发展。

（二）有利于促进学生的身心健康

毛泽东同志曾对学校提出"健康第一"的要求。陶行知先生也曾指出：健康是生活的出发点，也是教育的出发点。可见，健康教育有着重要的意义。现代意义上的健康打破了传统的医学模式，包括精神和心理的健康，若没有心理的健康，就难以保证生理的健康。因此，开展心理健康教育，重视学生的生理健康和心理健康，才能保证全面提高学生的身心健康水平。所以，开展心理健康教育，对学生的身心健康有着重要意义。

（三）有利于促进学生的思想品德教育

加强学生的思想品德教育，培养学生的良好道德品质是学校教育首要的基本任务。青少年学生正处在品德形成的重要时期，处在人生观、世界观形成的关键时期，同时也处在心理充满矛盾和冲突的时期，心理复杂而多变。不掌握学生的心理，就难以真正了解其思想，也就无法进行有效的思想品德教育。不使其具备健康的心理素质，就难以塑造其优良的道德品质。开展心理健康教育，旨在通过对学生的心理进行指导，调节其心理，提高其心理素质，进而促进其品德的发展。因此，可以说，心理健康教育的开展，丰富了德育的内容，扩展了德育的方法，增加了德育的途径，有利于学生思想品德的提高。

（四）有利于促进社会的精神文明建设

心理健康教育可以优化社会心理环境，既是社会主义精神文明建设的一项重要内容，也是社会主义精神文明建设的一种动力。首先，心理健康教育有助于学生克服消极心理，形成积极心理，开发潜能。其次，心理健康教育有助于学生正确认识社会和现实及自身，缓解人际冲突，密切人际关系，进而增进社会稳定。再次，心理健康教育有助于学生塑造良好的个性，健全品格发展，提高道德水平，进而净化社会风气。最后，心理健康教育有助于调动青少年学生的主动性、积极性和创造性，以科学的态度处理各项实际工作，推动社会经济和文化的发展与进步。

第二节　小学生心理健康教育的内涵与实质

一、小学心理健康教育概念

小学心理健康教育是指小学教育者运用与心理学相关的多种学科的理论与技术，通过心理健康知识与技能的教育和心理咨询与辅导等多种途径，帮助小学生解决成长过程中的心理问题，提高小学生心理素质和人格水平的教育活动。

当前在学校心理健康教育领域，存在着许多理论和研究方法，也出现了各种不同的相关概念，如心理素质教育、心理教育、心理健康教育、心理卫生、心理辅导、心理治疗等。大致上我们可以将上述概念划分为两大类：一类是心理素质教育、心理教育、心理健康教育；另一类是心理卫生、心理辅导、心理治疗。前者从宏观的角度强调了这是一项教育活动；后者则侧重于它的具体应用技术、手段和功能。为了更好地理解小学心理健康教育这个概念，我们有必要先对其相关概念进行澄清和了解。

（一）心理卫生与心理健康教育的关系

心理卫生有时又称精神卫生，是研究人类如何维持和保护心理健康的原则和措施的一门学问。《简明大不列颠百科全书》中这样注释心理卫生："心理卫生包括一切旨在维持和改进心理健康的种种措施。诸如精神疾病的康复及预防；减轻充满冲突的世界带来的精神压力以及使人处于能按其身心潜能进行活动的健康水平。"现代心理卫生运动的发展大致经历了三个阶段：第一阶段是从改善精神病患者待遇到关注精神疾病的预防；第二阶段是从关心身心因素的制约到关注社会因素的影响；第三阶段是从努力提高个体的适应能力到力图全面提高人的心理素质。在国际心理卫生运动的推动下，20 世纪 30 年代，我国的许多有识之士也号召发起了中国的心理卫生运动。几经起落之后，我国的心理卫生工作于20 世纪 80 年代重新恢复活动，并很快被引进了校园，学校教育工作者的介入，大大促进了心理卫生工作在教育领域的发展。在心理卫生工作深入开展的过程中，逐渐产生了心理健康教育这一新的提法，心理卫生的说法也渐渐为之所取代。教育部颁发的文件和决定，都采用"心理健康教育"这一提法，也使得"小学心理健康教育"成为既定的概念。

从心理卫生到心理健康教育，两种提法的替代主要是由于以下原因：第一，心理卫生这一概念是从心理卫生科学的角度提出的，而我们所说的小学心理健康教育，不仅进行心理卫生知识方面的教育，有效地矫治小学生的心理疾病，疏导小学生的心理障碍，而且更重要的是着眼于开发小学生心理潜能，培养良好的心理素质，促进他们整体素质的提高和个性发展。因此，心理健康教育的提法从工作性质上明确了这项工作的发展性教育属性，有利于广大小学教育工作者接受和参与。第二，用小学心理健康教育代替小学心理卫生，说明了它与小学教育机制的密切结合。既然是一种教育活动，就明确了教育行政部门对它的行政管理权及职责，同时也明确了开展小学心理健康教育工作的内容与形式，应该是适合小学教育的特点和要求的。

（二）心理治疗、心理咨询、心理辅导与心理健康教育的关系

由于这些概念均源自同一实践活动，因而它们之间的相似也是显然的。

1. 都是从心理上帮助人、教育人的过程。

2. 有基本一致的理论方法和技术。

3. 在不同层面上处理大致相同的问题。

4. 都注重建立助人者与求助者之间的良好人际关系，并将之看作是促进求助者成长的条件。

这四者之间的根本差异在于实践模式的不同。这种差异不仅是历史的，而且是现实的，即在目前的小学心理健康教育中这四个概念都在运用，而且仍保持着各自历史形成的实践模式差异，都有各自相应的工作重心。当然，由于这些概念形成的历史连续性，在每两个相邻的概念之间会产生一定的相互交叠现象，致使这几个概念最终表现为相互关联的一个连续体。

具体来说，小学心理健康教育的这四种实践模式的差异表现为以下几方面。

（1）在工作模式上，它们是从心理治疗的医学模式过渡到心理咨询的咨商性教学模式再过渡到心理辅导的教育性教学模式，最后过渡到心理健康教育的教育模式。

（2）相应于上述工作模式，形成了治疗、预防和发展的功能连续体，越是靠近心理治疗的一端，其治疗的功能越明显；越是靠近心理健康教育的一端，其发展的功能越明显。

（3）从工作对象来看，心理健康教育和心理辅导的对象是发展中的正常人（小学生），心理咨询的对象是一般的正常人（来访者），而心理治疗的对象则是异常人（患者）；相应于工作对象，心理健康教育和心理辅导的工作者是小学教师，心理咨询的工作者是咨询师，而心理治疗的工作者则是心理医生。因此他们分别构成的工作关系则为师生关系、咨商关系和医患关系。

（4）从实施过程来看，在心理健康教育和心理辅导中，教师是主动的，他们积极地关注小学生的整体发展；而在心理咨询或心理治疗中，咨询师或心理医生则是被动的，他们着眼于解决来访者或患者正在发生的问题或局部问题。

（5）从工作方式和方法来看，心理健康教育注重与整体教育目标的协调，强调在心理素质培养中与各种教育力量的整合，它更主要的是一种教育理念，而不只是一些方法和技术的集合，因而，作为面向全体小学生的一种教育，它有更多的结构化的、预先设定的成分；心理辅导作为一种教育途径，有团体辅导和个别辅导两种形式，它包括讲授、训练、陶冶、角色扮演等方法；心理咨询多在非医疗情景中进行，它以个别—小组咨询为主，采用倾听、同感、面质、自我袒露、支持、领悟等技术；而心理治疗则在医疗情景中进行，它以个别治疗为主，多采用矫正、领悟、训练、重建等方法。相对而言，心理咨询与心理治疗的方法更加专门化，在实践过程中也表现出更大的弹性和综合性。

（6）从运作方式来看，心理健康教育和心理辅导作为小学教育体系的一个重要内容，是一种义务工作，是非经营性的；心理治疗和心理咨询则是一种有偿服务，是经营性的。与这种运作方式相对应，心理健康教育和心理辅导在时间上贯穿整个教育阶段，甚至是终生的；而心理治疗和心理咨询的时间则视具体情况可长可短，并应在经营的服务合同中加以明确规定。

由此我们可以看到，心理治疗、心理咨询、心理辅导和心理健康教育是随着心理卫生和心理健康教育运动的历史发展而日益分化出来的四种实践模式，它们在实践模式的特征、功能、主体、过程、方法和运作等方面都有很大的差异，这些差异在小学心理健康教育中仍然存在。

（三）心理素质教育和心理教育

《辞海》对心理教育作了如下解释："以培养心理素质和解决心理问题为基本目标的教育。包括心理培养、心理训练、心理辅导、心理咨询、心理治疗等。有两种形式：一是积极的心理教育，指培养心理素质，促进身心健康，是占主导地位的形式；二是消极的心理教育，指解决心理问题，保持身心健康，是占辅助地位的形式。其主要任务是：解决心理失常、心理障碍等心理问题，防止心理变态、精神病等心理问题的产生。"有学者认为，心理教育其实就是心理素质教育或广义的心理健康教育。这种看法是合理的，心理教育、心理素质教育和心理健康教育三者都强调了"教育"这个概念，都是指教育者运用多种途径和手段，从学生身心发展的实际出发，有计划、有目的地对学生心理素质的各个方面进行积极的教育和辅导，从而培养学生良好的心理素质，调节心理机能，开发心理潜能，提高学生德、智、体、美等整体素质，促进学生个性和谐发展的教育活动。之所以使用"心理素质教育"这一概念，是因为传统教育只强调人的智能素质，把人只看成是一个智能的人，到学校里主要是接受知识，开发智力；而现代教育观则认为良好的智能必须与良好的情感相结合，强调人格的完善，因此，特别重视良好心理素质的培养。

小学心理健康教育若从总体来把握，在内容上无非包括提高心理素质、促进健康发展、发掘潜能、增强耐挫力、解决心理困扰、主动积极地寻求支持与帮助；在方式上主要包括心理健康教育课程的实施、心理咨询（团体辅导和个别咨询辅导）和心理治疗。很显然，有关小学心理健康教育工作的各种提法的侧重点是有所差异的，只有"小学心理健康教育"全面涵盖了整个范畴。

二、小学心理健康教育的实质

理解小学心理健康教育这一概念时，必须明确这样几点：

（一）小学心理健康教育是以小学生的成长发展为中心

坚定三种信念：一是要让每一个小学生都发展，小学心理健康教育面向的是全体小学生，而不仅仅是面向部分存在心理问题的小学生。二是坚信每一个学生都会发展，都有发展的潜力，人的本性是积极的向上的。罗杰斯指出："人类有机体都有一种天生的自我实现的动机"。小学心理健康教育相信每一个小学生都是有价值的、有潜能的，对所有学生的心理发展都持积极乐观的态度。三是要最大限度地激发、开发每一个学生的潜能。小学心理健康教育不是着眼于小学生实际达到的心理发展水平，而是立足于小学生心理的"最近发展区"。

（二）小学心理健康教育体现的是一种新型的师生关系

从大的方面来说，它是一种积极的人际互助过程，体现的是一种新型的人际关系，强调师生间的真诚、亲密、尊重、理解、信任和支持专业化技能的运用。小学教师在大多数情况下，应该持非批评性的态度，不能以一种居高临下的姿态出现，和小学生的关系应该非常平等、非常亲密，鼓励小学生在教师的支持与帮助下积极主动地获得发展。

（三）小学心理健康教育是一种合作式、民主式的协作过程

它遵循的是他助、互助、自助的进程，在这个过程中，小学生既是受助者又是助人者，同时也是自助者。作为受助者，他可以得到他人的帮助和支持；作为助人者，他可以用自己的思想与行动助人助己，更重要的是，在个人成长的历程中，小学生自身的主观能动性具有关键性的作用。小学教师要在师生合作的基础上，帮助小学生获得良好的成长与发展的方法，协助小学生学会自己解决问题，而不是代替小学生解决问题。这两点充分体现了现在我们非常强调的小学生的主体性。

（四）小学心理健康教育是专业知识技能的应用

小学心理健康教育是由专业人员来进行的。小学心理健康教育除了需要一般的教育技能外，还需要掌握特殊的专业技能。如在咨询辅导的过程中，辅导人员就需要恰当运用关注、接纳、倾听、同感、澄清、面质等精妙的专业技巧，而心理测评、诊断、分析、教育、干预技术等则是一些专业化的技能。可以说这些专业技能与技巧是传统教育方法的提升，有些甚至是传统教育技能中所没有的，正因如此，这种专业化技能不仅能成为传统教育技能有力的补充，还能为传统的教育技能带来某种革命，因此教育辅导者应当是受过严格的专门训练的，能在心理发展诸方面为学生提供服务与帮助的专业工作者。

（五）小学心理健康教育有自己独特的目标

虽然小学心理健康教育在总目标上与小学的教育目标是一致的，但是它还有自己独特的地方，总的说就是促进小学生的心理健康。这种"促进学校学生的心理健康"主要通过帮助小学生进行自主探索，帮助他们选择和制订人生计划，然后通过解决他们在成长过程中的一系列问题，帮助他们健康成长，因此特别强调发展性的目标。在小学心理健康教育中发展性目标是主要的，而发展性目标中，我们特别重视的就是开发小学生的潜能。所以有的专家认为，小学心理健康教育的最高目标或者说终极性目标是开发小学生的潜能，这一点恰恰是我们以往的或者是传统的教育观念中比较忽视的。以往，家长或者教师总是认为小学生没有什么太大问题就很好了，或者往往充当"消防队员"的角色，忙的都是"救火"的工作，而很少充当小学生潜能开发者的角色，也很少考虑如何去开发小学生的潜能。

我们在理解小学心理健康教育这个概念时，还应该注意以下几个要点：第一，小学心理健康教育是一种教育理念，它在本质上与素质教育、全面发展的教育等概念应该是一致的，小学心理健康教育的含义已经不再局限于一种矫正性的教育活动。第二，它在教育活动中所采取的方式、方法，代表着一种先进的教育思想，与传统教育思想也有很大的差别。传统教育强调的是三个中心：以教师为中心，以教室为中心，以教材为中心。心理健康教育也强调三个中心：以学生为中心，以学生的学习为中心，以全体学生参与活动为中心。正是这些新的观念，或者说新的教育理念，能够给我们现在的小学教育教学改革带来一系列的帮助，所以有些小学把开展心理健康教育作为小学教育教学改革的突破口。

第三节　小学生心理健康教育的历史与发展

追溯心理健康演变的历史，有助于把握心理健康发展的规律，以更好地指导当前心理健康的研究与实践，并能对未来的走向作出积极的预测。

一、心理健康发展简史

（一）中国古代的心理健康思想

中国是一个具有五千年文明史的国家，也是世界心理健康思想最早的策源地之一。在中国古代的心理学思想中，人贵论、形神论、性习论、知行论、情欲论等思想对我国及世界今天的心理健康的理论与实践均具有重要的影响。在中国的先秦古籍中，就含有心理健康的思想。《管子》中的"内业"篇，阐述了善心、定心、全心、大心为最理想的心理状态，正静、平正、守一为养心之术。《左传》中阐述并列举了心理状态与生理状态之间的关系。祖国医学把人体视为一个脏腑、经络、营卫、气血为内在联系的有机整体，同时强调人体与自然界和社会的关系，特别重视心理因素对人体的影响。另外，各个年龄阶段的心理健康，在古代文献中，均有论述。诸如，《三因极——病证方论》中谈到胎儿的心理健康；《幼儿发挥》论及幼儿心理健康；《万病回春》中讨论到青少年心理健康；《千金方》中论述了老年心理健康；《简明医彀》中则从"抚育幼龄"一直谈到"奉养高年"，强调在人的整个一生中始终都要注意心理健康。

中国的心理健康思想渊源悠久，在世界心理健康思想中占有重要地位。

（二）古代西方和中世纪阿拉伯的心理健康思想

西方心理健康思想产生于古希腊时代。古代医学的奠基人希波克拉底就论述过有关心理健康的问题。希波克拉底及其弟子，各个时代的医生和哲学家们，为解决心理健康的问题探索了一些方法，其中最重要的方法是：通过提高医学知识水平和各级各类的心理健康活动来增强心理对外部环境有害因素的抵抗力。

11 世纪时期的阿拉伯医学就已经把心理健康问题作为保护健康的必要条件之一。阿拉伯医学家阿维森纳在其被奉为"医学"的《医疗之书》中提出了保护健康必需的 6 点内容：（1）阳光和空气；（2）食物和饮料；（3）运动和安静；（4）睡眠和兴奋；（5）新陈代谢；（6）情感。从这 6 个方面，将人生面对的矛盾分析得恰到好处，并特别指出了情感对人体健康的重要影响具有非常大的意义。

（三）现代心理健康运动的形成和发展

心理健康作为思想渊源有一个久远的历史，但是作为一种科学运动，却只有一个短暂的现在。

1. 比奈尔精神病院改革

心理健康运动的起源首先是从改善精神病人的待遇开始的。19世纪以前，精神病人和较轻微的心理疾病患者被认为是魔鬼附身，而受到监禁或虐待，境况悲惨。1792年，法国精神科医生比奈尔提出解除对精神病人的身体约束。一般认为，这是心理健康历史的起点。

2. 大规模心理健康的开端

19世纪末，精神病人虽然已从锁链和酷刑中解放出来，但在医院中仍受到种种粗暴残忍的对待，命运仍然是悲惨的。1908年，美国比尔斯的《一颗自我发现的心》一书的出版，揭开了大规模心理健康的开端。同年，世界上第一个心理卫生组织——康涅狄格州心理卫生协会在美国成立，1917年创办了《心理卫生》杂志，采用多种方式宣传普及心理卫生知识，对大众进行心理健康教育。

3. 世界各国的心理健康机构与活动

比尔斯的《一颗自我发现的心》从出版至1935年已发行22版，不仅在美国风行一时，而且先后在许多国家都有了译本。在美国心理健康运动的影响下，许多国家也纷纷成立了自己的心理健康机构。1918年加拿大全国心理卫生协会正式成立，1919年刊发加拿大心理健康杂志。1902年法国、1921年比利时、1923年英国和巴西、1924年匈牙利、1925年德国和日本、1926年意大利等许多国家先后成立了心理健康组织。中国也于1936年成立了"中国心理卫生协会"。为呼吁全世界人民重视心理健康，根据WHO和WFMH的协议，1960年被宣布为"国际心理健康年"，呼吁全人类重视心理健康。

4. 中国心理健康运动的概况

20世纪30年代，我国许多有识之士，如著名的教育家吴南轩先生在《中大教育丛刊》上发表文章："除我国外，日光照临之地，几乎无处不有心理健康运动的踪迹"。大力呼吁加强我国的心理健康教育，他于1930年前后，先在中央大学心理系开设了心理健康选修课，为当时国内大学心理系课程中最新颖的课目。尔后，他又在中央大学《旁观》杂志上发表《心理健康专号》，这是中国心理健康运动的萌芽。由教育界、心理学界、医学界、社会学界以及其他社会各界共228名知名人士酝酿和发起，并得到145位著名人士的赞助，1936年4月19日在南京正式成立了"中国心理卫生协会"，选举了吴南轩等35位理事及21位监事。该协会以"保护与促进国民之精神健康及防止国民之心理失常与疾病"为唯一目的，以"研究心理健康学术及推进心理健康事业为唯一之工作"为宗旨。值得一提的是，我国医学心理学创始人之一、中国心理卫生协会发起人之一丁瓒教授为心理健康事业作出过积极贡献，他的《心理健康论丛》《青年心理修养》两书，在学术界和社会上产生了广泛的影响。1944年他创办了我国第一个心理卫生实验室。实验室附设自己的实验区、咨询处及门诊部，较系统而有计划地开展了心理健康的科研、医疗、教学和科普宣传等活动。

新中国成立以后，特别是改革开放以来，我国的心理健康事业得到迅速的发展和普及。1979年冬，在天津召开的中国心理学会年会上，许多学者提出恢复"中国心理卫生协会"的倡议。会后，经充分的酝酿和认真的筹备，于 1985 年 3 月正式成立了"中国心理卫生协会"，并于同年 9 月在山东泰安召开了隆重的首届代表大会。在协会的组织领导下，陆续创办了《中国心理卫生杂志》《中国临床心理学杂志》《心理与健康》等多种学术与科普杂志。许多省市举办了各类心理健康培训班、学术研讨会；开展了多种形式的宣传活动和学术研究，并运用报刊、广播、电视开展心理健康教育，在一些综合医院及高等院校开展了心理咨询、心理门诊服务。二十多年时间，我国的心理健康工作得到了迅猛的发展，越来越引起了社会各界的广泛重视。

二、小学心理健康教育的发展

二十世纪中期，美国在学校和社区成立心理咨询、心理辅导和心理治疗门诊，80 年代之前，学校心理咨询的重点放在个别有心理问题的学生身上，80 年代后，开始面向全体学生。心理健康教育课程分为两种形式：一种是单独训练课程，另一种放在核心课程—社会学里，不同的学校不一定相同，但一般以活动课为基本模式。在香港，学校心理健康教育多称为心理辅导，1970 年我国香港地区的大学校园中首次出现心理辅导员，从 20 世纪 70 年代至 90 年代近 20 年时间，香港地区的中小学生与学校心理辅导员的比例分别从 4000：1 和 2700：1 上升至 2000：1。

我国台湾地区的学校心理健康教育发展更快。1959 年台湾心理辅导协会成立，极大地促进各级各类学校开展辅导工作；1969 年台湾将心理健康教育纳入学校课程体系之中，实现从面向个体到面向全体的转变；1980 年台湾公布国民教育法，正式建立国民中学辅导制度。受美国以及我国台湾、香港地区的影响，我国大陆地区在 20 世纪 80 年代以来也开始探索小学心理健康教育之路。

从 20 世纪 80 年代始至今，我国的小学心理健康教育大致经历了以下三个阶段：

1. 调查呼吁阶段。部分专家、学者和教师对小学生心理健康状况进行调查，提出应重视小学生心理健康问题。1979 年下半年，河南省平顶山市心理学研究会的寇清云等就在市三中和十三中尝试开办心理学讲座。1985 年 3 月，中国心理卫生协会成立。20 世纪 80 年代初、中期，一些学者和研究机构对大中小学生进行心理健康状况调查，发表了一系列报告，使教育工作者和教育行政机关开始意识到小学生心理健康是一个值得关注的问题。此后，国内学者结合我国实际进行研究，为以后小学心理健康教育的开展奠定了初步的思想基础。

2. 尝试起步阶段。一些小学自发地对小学生存在的一些心理问题进行尝试解决。较之大学生的心理咨询、心理健康教育，中小学心理咨询、心理健康教育开展得更早。上海、天津、北京、湖南、湖北及江苏等省市的一些小学也开展了一系列有关小学心理健康教育的试验工作或实践活动。随着时间的推移，参与到小学心理健康教育实践中的学校逐渐增多，如由湖南师大主持的一项小学心理健康教育课程教学实验，参加者涉及 13 个省市 1500 多所小学近 40 万名学生；南京师大主持的一项心理教育课题研究，参与的大中小学有近 100 所。

3. 发展推进阶段。小学心理健康教育在经过十几年的实践之后，开始有了比较大的发展，主要表现在以下几个方面：第一，建立了小学心理健康教育的组织机构，并得到相应的行政部门的支持；第二，出版了一系列学校心理健康教育的读物，同时还研制了一些测量心理健康的量表、软件；第三，进行了系统的课程试验。课程试验的内容和形式包括开设心理健康课程、开展心理健康教育的专门活动等；第四，国家和地方均出台了一系列相关文件，为小学心理健康教育的实施提供了有力的支持保障；第五，涌现出一批心理健康教育特色学校。

三、当前我国小学心理健康教育存在的问题

（一）发展迅速，但地区差别大

十几年来，我国小学心理健康教育从研究到实践已经逐步开展起来，并取得了明显的成效。但是，我们也应看到，当前我国小学心理健康教育的发展还处于初级阶段，存在的问题也十分明显。从全国范围看，小学心理健康教育发展很不平衡，城市快于农村，沿海快于内地；有些地区的研究和实践取得了很好的成绩，而有些地方刚刚起步，有的甚至几近空白。即使是在一个地区，也由于缺乏统一规划、指导，所以导致各校之间的发展也很不平衡。

（二）理论研究不尽如人意，学校心理健康教育理论体系尚未定型

目前我国对小学心理健康教育的理论研究大大滞后于小学心理健康教育的实践。对于诸如小学生心理健康的标准，心理健康教育及其相关概念的定义，小学心理健康教育的目标、内容、方法、评估手段以及小学心理健康教育与德育的关系等问题，学术界至今尚无统一的看法。小学的教育实践得不到应有的理论指导，一些小学的领导和老师既未看清心理健康教育和思想政治工作的内在必然联系，也没有弄清二者的区别，实践中常把二者割裂或等同起来。

（三）科学化、专业化水平不高

譬如，作为心理健康教育的一个重要手段，心理测量常常是不可或缺的。但心理测量是一项专业性、技术性很强的工作，对使用者的资格有一定的要求。从对测量者、测量环境、测量时间、被试心境等因素的控制到测验工具的选用、使用以及对测验结果的解释，都必须采取规范、科学、慎重的态度。为了保证心理测量的客观、正确，量表和问卷常模必须是科学的，必须考虑其适用范围。然而，目前科学的评估技术应用不足，出现的某些量表缺乏科学依据，测试结果又大相径庭，测试缺乏信度与效度，仅凭这样的测试结果来断定学生心理健康与否显然存在诸多问题。此外，有的小学由未曾受过任何相关培训的学科教师兼任心理健康教育工作。有的小学的心理辅导活动停留于一般的谈话阶段，缺乏一定的咨询技巧。

（四）形式多样，但缺乏规范

当前开展心理健康教育的途径很多，形式多样，但有的学校东打一拳，西打一拳，看

似热热闹闹，实则空忙一场。这是没有从整体上规划小学心理健康教育，使之形成有效的运行系统，融入整个小学教育系统中去进行运转的结果。心理健康教育不是小学教育的附属物，也不是临时性任务，而是一项有明确目标和内容的专门教育活动，是小学素质教育的组成部分，应该有专人管理，具有专业教师、专门课程，在专家指导下进行，注重其专业化和规范化。

（五）专业人员匮乏

这是开展小学心理健康教育过程中一个较大的问题。20 世纪 90 年代以来，北师大、中科院心理所成功地举办了多次心理教育教师培训班，但由于数量有限，仍很难满足实际需要。目前，有些高校已设立该专业，培养这方面的人才，但高校的培养模式及其规模显然无法即时满足小学心理健康教育的需要。因此，当务之急是举办不同层次的培训班，对一批具有心理健康教育意向或有一定教学经验的在职教师进行多种形式的培训，为小学心理健康教育工作培养急需的骨干人才。

四、我国小学心理健康教育的发展趋势

（一）小学心理健康教育普遍化

随着心理健康与身体健康同样重要的观念逐渐深入人心，人们将普遍意识到心理健康对个人发展乃至社会发展的重要作用。青年一代是民族的未来，学校要为社会发展培养优秀的人才，就必须重视心理健康教育。从小学层面上说，未来心理健康教育将渗透在教育观、人才观中，成为小学发展的内在要求。在承认小学生个体差异的基础上尊重每一个小学生的个体存在，帮助每个小学生发展自我的潜能，实现自己的价值。从小学生的角度上说，从沉重的学习负担中解放的小学生会更加注重自身发展的全面性，意识到全面发展的人才能适应未来的社会，取得成功。心理健康教育必将由现在的少数实验学校逐步扩展到一般学校，由经济发达的地区逐步扩展到经济欠发达地区，直至建立相应制度，步入正规化，使心理健康教育成为全社会、全民族共同关注的问题。

（二）小学心理健康教育规范化

未来小学心理健康教育将形成科学的、系统的、规范的工作模式，实现可复制、可操作。小学心理健康教育工作规范化的最重要标志是小学心理健康教育工作者专业化水平的提高。美国教育家托马斯曾说："一所好学校就是那种在其教与学中能成功体现对人、真理、正义和责任感尊重的地方。教育的这些首要的道德既是其自身目标，也是实现的手段，而忽略这些精神和文化品德的学校，无法使它的学生发展成精神、道德、社会、文化、审美、心理和体育等方面都健康的全人"。作为"人类灵魂的工程师"，教师必须了解小学生身心发展的规律，具备维护小学生心理健康的能力。未来的社会中，小学教师心理健康教育的专业化水平将有所提高。国家通过鼓励和引导继续教育，制定执教人员的专业标准，考核颁发资格证书，以及倡导高等学校相关专业的大力发展，将逐步建立掌握专业知识和技能的师资队伍。

（三）小学心理健康教育现代化

和社会其他领域一样，小学心理健康教育也将越来越多地使用现代化手段进行信息的传递、运用、储存和管理。信息技术、计算机的广泛使用，特别是计算机网络技术的应用，将使小学生心理健康教育工作的管理、运行现代化。一方面，网络的覆盖面广，克服时间、空间的跨度及其对信息处理的迅速、客观、准确性等特性远非人力可比。另一方面，在21世纪，网络将成为青少年生活学习不可或缺的伙伴，利用网络技术开展心理健康教育将扩大心理辅导的层面，成为提高心理健康教育成效的重要手段。网络技术在小学心理健康教育工作中将发挥以下作用：对小学生各种心理档案的立档、储存、管理和运用；实行网上咨询，小学生可以在网上进行心理测验或直接向专家咨询；在网上对教师进行专业培训；建立全国学校心理健康教育网络系统和心理咨询与治疗的专家系统，实现各地间的信息交流和资源共享。

（四）小学心理健康教育功能齐全化

小学心理健康教育具有治疗、预防和开发潜能三级功能。小学心理健康教育始终坚持以达到这三级功能为目标，以实现开发潜能功能为最终目标。现阶段，由于我国小学心理健康教育的发展还不成熟，一哄而上，良莠不齐，缺乏科学客观的评估、指导，使得小学心理健康教育尚未能很好地发挥其固有的功能。但是，随着社会、学校、家庭及青少年本身对开发心理潜能的了解和重视，小学心理健康教育的重心将逐渐向着促进人的全面发展和自我实现这一目标聚拢，学校将最大限度地开发和利用多种教育资源，给小学生以更全面的影响。正如心理学家弗洛姆所说："当今是个心理学的时代，心理学的新趋势是注重如何帮助健康的人发挥潜能。"从关注人的心理健康到关注人的心理潜能的开发，是心理学成熟的标志，也是小学心理健康教育成熟的标志。

第四节 小学生心理健康教育的任务与内容

一、小学生心理健康教育的主要任务

《纲要》明确提出了中小学心理健康教育的主要任务。概括为以下五个方面。

第一，全面推进素质教育，增强学校德育工作的针对性、实效性和吸引力。

第二，开发学生的心理潜能。

第三，提高学生的心理健康水平，促进学生形成健康的心理素质。

第四，减少和避免各种不利因素对学生心理健康的影响。

第五，培养身心健康、具有社会责任感、创新精神和实践能力的德、智、体、美全面发展的社会主义建设者和接班人。

《纲要》在提出主要任务的同时，也明确了工作方针，要求按照"全面推进、突出重点、分类指导、协调发展"的工作方针，不同地区应根据本地实际情况，积极做好心理健康教育工作。

二、小学生心理健康教育的主要内容

《纲要》明确提出了中小学心理健康教育的主要内容。概括为以下五个方面。

第一，普及心理健康知识。

第二，树立心理健康意识。

第三，了解心理调节方法。

第四，认识心理异常现象。

第五，掌握心理保健的常识和技能。

其重点是，认识自我、学会学习、人际交往、情绪调适、升学择业以及生活和社会适应等方面的内容。

《纲要》也明确提出从不同地区的实际和不同年龄阶段学生的身心发展特点出发，做到循序渐进，设置分阶段的具体教育内容。就小学阶段而言，《纲要》提出了小学低（小学一、二年级）、中（小学三、四年级）、高（小学五、六年级）三个年级阶段的具体内容。

小学低年级主要包括：帮助学生认识班级、学校、日常学习生活环境和基本规则；初步感受学习知识的乐趣，重点是学习习惯的培养与训练；培养学生礼貌友好的交往品质，乐于与老师、同学交往，在谦让、友善的交往中感受友情；使学生有安全感和归属感，初步学会自我控制；帮助学生适应新环境、新集体和新的学习生活，树立纪律意识、时间意识和规则意识。

小学中年级主要包括：帮助学生了解自我，认识自我；初步培养学生的学习能力，激发学习兴趣和探究精神，树立自信，乐于学习；树立集体意识，善于与同学、老师交往，培养自主参与各种活动的能力，以及开朗、合群、自立的健康人格；引导学生在学习生活中感受解决困难的快乐，学会体验情绪并表达自己的情绪；帮助学生建立正确的角色意识，培养学生对不同社会角色的适应；增强时间管理意识，帮助学生正确处理学习与兴趣、娱乐之间的矛盾。

小学高年级主要包括：帮助学生正确认识自己的优、缺点和兴趣爱好，在各种活动中能悦纳自己；着力培养学生的学习兴趣和学习能力，端正学习动机，调整学习心态，正确对待成绩，体验学习成功的乐趣；开展初步的青春期教育，引导学生进行恰当的异性交往，建立和维持良好的异性同伴关系，扩大人际交往的范围；帮助学生克服学习困难，正确面对厌学等负面情绪，学会恰当地、正确地体验情绪和表达情绪；积极促进学生的亲社会行为，逐步认识自己与社会、国家和世界的关系；培养学生分析问题和解决问题的能力，为初中阶段学习生活做好准备。

思 考 题

1. 小学生心理健康教育的内涵是什么？
2. 小学生心理健康教育的实质是什么？
3. 小学生心理健康教育的内容包括哪些？
4. 小学生心理健康教育的任务是什么？

第二章　小学生生理与心理的发展

本章导读▶ ··

1. 掌握小学生身体各器官的发展。
2. 掌握小学生神经系统的发展。
3. 掌握小学生认知的发展。
4. 掌握小学生情绪的发展。

小学生阶段是儿童生理发育、心理发展的重要时期，小学生心理健康教育必须以其身心发育特点、身心变化规律来有效实施。了解小学生生长发育、心理发展规律及特点以及不同年龄阶段小学生心理发展的主要矛盾是有效实施心理健康教育的基础。本章阐述了小学生的生理发展以及心理发展。

第一节　小学生生理的发展

一般情况下，个体从 6～13 岁这个时期，我们称之为学龄期。小学生的生长发育，不仅包括身高增长，体重增加，还包括全身各器官逐渐分化，机能逐渐成熟，开始进入第二个生长突增期。

一、小学生身体各器官的发展

人体各器官的生长发育虽不平衡，但却遵循着一定的规律。从 7 岁开始，人体的生长发育遵循向心律。各部分发育的顺序是：足—小腿—下肢—手—上肢，即自下而上，由四肢的远端向躯干，所以称为向心律。从生物力学的理论分析其发展顺序也是符合向心律的。人体各部位总负荷量的大小次序是：足—小腿—大腿—手—臂—躯干—头。按照形态和功能统一的法则，负荷量和强度最大的是下肢，依次是上肢和躯干，向心律恰好适应上述功能的需要。此外，小学生生长发育的特点主要表现在以下几个方面。

（一）新陈代谢旺盛

新陈代谢包括同化作用和异化作用两个方面。人体从外界摄取营养，变为自己身体的一部分，并且储存能量，这种变化叫同化作用。与此同时，构成身体的一部分物质不断氧化分解，释放能量，并将分解的产物排出体外，这种变化叫异化作用。学龄儿童正在长身体，同化作用大于异化作用，所以，他们需要从外界摄取更多的营养，以保证正常生长的需要。

（二）体格发育在儿童期平稳发育的基础上，出现快速增长

小学生在 6～9 岁时，体格发育基本上是平稳的，身高平均每年增长 4～5 厘米，体重平均每年增长 2～3.5 千克。10 岁以后，随着小学生逐渐进入青春期，体格发育也进入快速增长阶段。这时男孩身高一般每年可增长 7～9 厘米，有的可增长 10～12 厘米；女孩一般每年可增长 5～7 厘米，有的可增长 9～10 厘米。体重每年可增长 4～5 千克，有的可增长 8～10 千克。女孩青春期身高生长突增开始时间比男孩早约 2 年，所以在 10 岁左右，女孩身高由以前略低于男孩开始赶上和超过男孩；在 12 岁左右，男孩身高开始突增，而此时女孩生长速度开始减慢，到 13～14 岁，男孩身高生长速度又赶上女孩，并超过女孩。男孩由于突增期间增长幅度较大，所以到成年时绝大多数身体形态指标均比女孩高。

（三）骨骼逐渐骨化，肌肉力量较弱

小学生的骨骼正在骨化，但骨化尚未完全，骨骼中的有机成分和水分多，钙、磷等无机成分少，所以儿童骨骼的弹性大而硬度小。儿童不易发生骨折，但容易发生变形，不正确的坐、立、行走姿势可引起脊柱侧弯（如一肩高一肩低）、后凸（如驼背）等。这时，儿童肌肉虽然在逐渐发育，但主要是纵向生长，肌肉纤维比较细，肌肉的力量和耐力都比成人差，容易出现疲劳。因此，在劳动或锻炼时，不应该让他们承担与成人相同的负荷，以免造成肌肉或骨骼损伤。

（四）乳牙脱落，恒牙萌出

随着身体的发育，儿童一般在 6 岁左右开始有恒牙萌出。最先萌出的恒牙是第一恒磨牙，俗称六龄齿。接着乳牙按一定的顺序脱落，逐一由恒牙继替。到十二三岁时乳牙即可全部被恒牙替代，进入恒牙期。替牙期是龋病的高发期，尤其是乳磨牙和六龄齿很容易患龋，儿童应该注意口腔卫生。

（五）心率减慢，呼吸力量增强

从心脏血液循环系统的发展来看，小学生的心脏容积和血管容积之比小于成人，但新陈代谢快，需要较大的血液循环量，因此，心脏必须加快跳动才能使血液循环保持平衡。一般而言，小学生的心率为 80～90 次/分。此外，由于此阶段心脏的肌纤维发展较弱，再加上心脏跳动较快，心血管系统还未发育健全，所以，要防止儿童心脏负担过重和体力活

动过度。

二、小学生神经系统的发展

神经系统是人体内由神经组织构成的全部装置，是人体内起主导作用的系统，由中枢神经系统和周同神经系统两个部分组成。中枢神经系统包括脑和脊髓；周围神经系统包括与脑相连的 12 对脑神经和与脊髓相连的 31 对脊神经及自主神经系统。大脑是中枢神经系统最高级的部分，大脑皮层是人体进行意识活动的物质基础。

小学生的神经系统发展的特点是大脑结构与技能得到迅速发展，特别是大脑结构逐步完善。脑重的增加表明脑神经细胞体积的增大和脑细胞纤维的增长。儿童到了 6~7 岁时，脑重约为 1280 克，已接近成人脑重的 90%，此时，左右大脑半球的一切传导通路几乎都已形成，所以当身体受到外界刺激后，可以以很快的速度准确地传到大脑皮层的高级中枢。大脑皮层间增加了暂时联系的可能性，条件反射也比较容易建立。以后脑重增长缓慢，9 岁时脑重约为 1350 克，到 12 岁时脑重约为 1400 克，基本上和成人一致。神经细胞的体积增大，细胞分化基本完成，许多新的神经通路出现。此时大脑额叶生长迅速，其运动的正确性、协调性得到发展；大脑的抑制能力和分析综合能力提高。神经的联络纤维在数量上大大增加，联络神经元的结构和皮层细胞结构机能迅速形成和发展。这是联想、推理、抽象和概括的思维过程的物质基础，也说明这一阶段神经系统的发育，特别是脑的发育在机能上进一步成熟。

随着大脑皮层的发育生长，儿童脑的兴奋过程和抑制过程也逐步趋向平衡，觉醒时间渐长，睡眠时间渐短。条件反射形成时间缩短、潜伏期较短和比较容易巩固的特征，使儿童能更好地接受外界刺激，更好地支配、控制自己的行为，为儿童心理的进一步发展提供了便利条件。

脊髓是中枢神经系统的低级部分，主要具有传导功能和反射功能，因此，当脊髓受损时，其传导机能和反射机能就会出现障碍。为使儿童神经系统正常发育，增强灵敏性、协调性，教师和家长应注意加强儿童感觉器官的训练，加强体育活动及适当的劳动锻炼。此外，还需为他们制定良好的学习和生活制度。

第二节 小学生心理的发展

小学生的身体发育和心理发展是统一的，两者密不可分，互相影响，互相作用，相辅相成。各系统的发育，尤其是神经系统的发育，为小学生的心理发展奠定了物质基础，而心理的正常发展也能保证和促进小学生身体的正常发育。进入小学后，学习开始成为儿童的主要活动，同时他们的社会关系开始趋于复杂多样，因此，小学生的认知、情绪等都在迅速发展。

一、小学生认知的发展

（一）小学生感知觉的发展

1. 视觉、听觉和运动觉发展很快

在视觉方面，随着年龄的增长，个体视敏度和颜色视觉迅速发展，视觉在感知觉中逐渐占据主导地位，成为小学生获取信息最主要的来源。在听觉方面，在学校教学，特别是音乐教学、语文教学的影响下，小学生的听觉能力得到显著的发展，表现为他们辨别声调的能力和言语听觉能力随年龄的增长而迅速发展起来。在运动觉方面，小学生的运动觉比幼儿时期有较大发展，特别是手的运动觉有明显的进步，表现为他们能够进行书写、绘画以及力所能及的手工劳动。反过来，这些活动又促进了他们的手部运动觉的发展。

2. 感知觉的有意性、目的性逐渐加强

低年级的小学生还不能自觉地根据一定的目的来控制自己的感知活动，不善于使自己的感知觉服从于规定的任务和要求。他们在感知的过程中，无意性和情绪性表现得很明显。在教育教学的影响下，到了中、高年级，小学生感知觉的有意性和目的性逐渐提高，感知过程成为小学生能自觉支配的过程。

3. 感知觉的分析综合能力不断提高

低年级小学生的感知觉往往是整体的、笼统的、不精确的。他们对事物的观察比较粗糙，缺乏精细地分析、比较，不善于区分事物的主要方面及特征，以及事物各部分之间的关系。随着知识的增长和心理水平的提高，特别是教师向他们反复提出复杂的感知任务，并指导他们进行细致地观察后，他们逐步学会分析、比较事物，能找出事物的主要方面及各部分之间的联系，使感知觉逐步向精确的方向发展。

4. 空间知觉和时间知觉有很大的发展，但还不完善

进入小学后，在教学影响下，特别是在学习算术过程中，小学生的形状知觉发展很快，他们不仅能很好地掌握一些几何图形的名称，而且还逐渐掌握了各种几何图形的概念。在辨别方位上，低年级的小学生能很好地辨认前后、上下、远近，但对于左右方位则常常要和具体事物联系起来，才能正确辨认。从时间知觉上来看，大部分小学生已能辨认"昨天""今天""前天""后天"以及"日""周""月"等时间概念，但对比较小的时间单位，如秒、分，或较大的时间单位，如年、年代、世纪等，则比较难理解。因为这些时间概念超出了他们生活经验的范围。

（二）小学生观察力的发展

小学生观察力的发展水平随年级的升高而提高，具体表现出以下几个特点。

1. 从缺乏系统性的知觉发展到有目的、有顺序的知觉

低年级的小学生观察事物时常是杂乱无章的，缺乏系统性和目的性，观察时受兴趣和情绪的影响很大，不能持续很长时间，有时常常偏离观察的主要目标。高年级的小学生能够有目的、有顺序地进行观察。

2. 从模糊笼统的知觉发展到比较精确的知觉

低年级的小学生观察事物时，常常模糊不清，这也和认识过程的发展有关。随着年龄的增长，知识逐渐丰富，他们才能由泛化到分化、比较精确地分辨事物。

（三）小学生注意力的发展

1. 无意注意仍起着主要作用，有意注意正在发展

在学习过程中，教学手段的直观性、教师声情并茂的语言、对课业本身的兴趣等都能引起小学生的注意，这些都是无意注意的作用。由于小学生的主导活动不断发生变化，从无目的的游戏发展为有目的、有要求的学习，所以他们的无意注意已无法适应新要求，这一矛盾必然使小学生的注意力逐渐从无意注意向有意注意过渡。

2. 注意的集中性和稳定性差

由于神经系统发育的特点，小学生不易集中注意力，很容易被感兴趣的事物吸引而转移注意力，对于比较抽象的教学活动，集中注意力就比较困难。对于注意保持的时间问题，有研究认为，7～10岁儿童可以连续集中注意20分钟，10～12岁儿童约为25分钟，12岁以上约为30分钟。

3. 注意的分配和转移力不强

小学生在上课的同一时间内，既要用眼、用耳，还要动脑、动手，这就需要注意的分配。但是，小学生还不善于分配注意力。尤其是低年级的小学生，难以同时进行听讲和抄写。

4. 注意范围较小

注意范围的大小主要取决于个体的经验。小学生经验少，注意范围自然比成人小。

（四）小学生记忆力的发展

从学龄前期的无意记忆占主导地位发展到有意记忆占主导地位，是小学生记忆发展的一个重要特点。在小学低年级，无意记忆占主要的地位。随着年级的升高，以及受学习、训练的影响，小学生的有意记忆明显得到发展，逐渐占据主导地位。一般而言，这个主导地位从三年级开始显现。

随着小学生的有意记忆逐渐超过无意记忆成为主要的记忆方式，意义记忆所占的比例逐渐超过机械记忆而居重要地位。由于意义记忆与理解能力有密切关系，因此，意义记忆占主导地位的关键期，往往与理解能力发展的关键期相一致，在三四年级。

小学低年级学生的知识经验还不够丰富，第一信号系统仍占优势，因此，他们在识记事物时常常表现为形象记忆。受教学的影响，随着知识的丰富和智力的发展，小学生的抽象记忆发展逐步超过形象记忆。

（五）小学生想象力的发展

小学生想象力的发展特点主要表现为有意想象增强，想象的精确度逐渐提高，想象的内容更富有现实性，想象中的创造成分逐渐增多。需要说明的是，低年级小学生的想象力十分丰富，但他们又难以区分现实与想象的界限，容易导致行为和言语不合情理。如果没有考虑到儿童想象发展的这种特征，这种情形在成人眼中会经常被当作"说谎""欺骗"。

（六）小学生思维的发展

思维能力是认知能力的核心。比起感觉和知觉，思维发生时间较晚，但随着年龄的增长，儿童的思维水平不断提高，在发展的不同阶段，儿童的思维显示出不同的水平和特点。著名儿童心理学家皮亚杰把儿童的思维发展划分为四个阶段：感觉运动阶段、前运算阶段、具体运算阶段和形式运算阶段。而小学生正处于皮亚杰所说的具体运算阶段。

小学生的思维特点是从以具体形象思维为主要形式逐步过渡到以抽象逻辑思维为主要形式，但仍带有很大的具体性，而且这个过渡的过程并不是均衡的，存在着明显的关键期，一般认为大约在四年级。另外，小学生的思维结构趋于完整，但有待整合。需要注意的是，小学生思维的发展过程有着很大的不平衡性，尤其是面对不同的思维对象，即不同学科、不同教材时，这种不平衡会表现得更加突出。

从思维的过程上看，小学生的分析、综合、抽象、概括、比较、分类、具体化和系统化等思维过程最初只能在直接观察事物的条件下进行，而且相对简单，之后逐渐能在过去的知识经验和表象的基础上进行，并逐渐能够以概念为材料，相对理性、全面、深入且广泛地进行。

二、小学生情绪的发展

情绪发展理论指出，儿童对情绪的理解开始得很早，0~3岁的、儿童就可区分他们的情绪和情境之间的差别；到4岁时，儿童就能够精确地把基本的情绪术语（高兴、发狂、悲伤和惊讶）和对应的面部表情进行匹配；5岁的儿童能够理解故事中主人公的不同情绪。到了小学阶段，儿童的基本情绪都已发展成熟，情绪理解、情绪评价和情绪调节能力随着年龄的增长而不断提高，但也存在着一定的差异。小学生的情绪发展表现为以下几个特点。

（一）情绪的内容不断丰富

随着年龄的增长和学习活动的丰富，小学生能更多地产生各种情绪体验。比如，学习活动的成败、考试结果的好坏、与同伴关系的好坏等情况，都会使他们产生各种各样的情绪体验。同时，小学生的各种社会性情感也在不断发展，不断丰富着他们的情感世界。

（二）情绪的深刻性不断增加

一般来说，小学生的情绪表现还是比较外露的，但是，他们的情绪体验的深刻性正在逐步加深。随着年龄的增长，儿童的归因能力不断提高，愤怒的情绪开始减少，并逐渐学会用语言来表达自己的心情。

（三）情绪更加富有稳定性

小学生的情绪具有很大的冲动性，他们不善于掩饰，不善于控制自己的情绪。但是与学龄前儿童相比，他们的情感已经逐渐内化，小学高年级学生已经逐渐能意识到自己的情绪表现以及可能产生的后果，并且控制和调节情绪的能力逐渐提高。随着儿童对学校生活的适应，他们的情绪逐渐稳定下来，小学生尚未面临升学、求职等重大压力，因而其基本情绪状态一般是平静而愉快的。但高年级的小学生开始步入青春期，其情绪的稳定性也会受到影响。

三、小学生人格的发展

我们知道，人格主要是指个体所具有的与他人相区别的独特而稳定的思维方式和行为风格。也可以说成是个体具有一定的倾向性和比较稳定的心理特征及其相应的行为方式的总和。小学生的人格发展与认知发展是同样重要的。它是除了认知之外的其他综合的心理品质，是每个个体逐渐具有自己独特性的表现。

心理学家埃里克森提出了人格发展的阶段理论，他认为人的一生有八个不同的发展阶段，且每个阶段都有其相应的核心任务，当任务得到恰当地解决时，个体就会获得较为完整的同一性。他还指明了每个发展阶段都有各自的发展任务及面对的危机，并给出了解决危机、完成任务的具体教育方法，有助于教师理解不同发展阶段的儿童所面临的冲突类型，从而采取相应的措施，因势利导，对症下药。

埃里克森的人格发展八个阶段如下所示。

第一阶段，婴儿前期（0~1.5岁）：基本信任对不信任的冲突。如果这一阶段的危机成功地得到解决，个体就会形成希望的美德；如果危机得不到成功的解决，个体就会变得胆小惧怕。

第二阶段，婴儿后期（1.5~3岁）：自主对害羞和怀疑的冲突。如果这一阶段的危机成功地得到解决，个体就会形成意志的美德；如果危机得不到成功的解决，个体就会产生自我疑虑。

第三阶段，幼儿期（3~6岁）：主动对内疚的冲突。如果这一阶段的危机成功地得到解决，个体就会形成目的的美德；如果危机得不到成功的解决，个体就会产生自卑感。

第四阶段，童年期（6~12岁）：勤奋对自卑的冲突。如果这一阶段的危机成功地得到解决，个体就会形成能力的美德；如果危机得不到成功的解决，个体就会产生无能感。

第五阶段，青春期（12~18岁）：自我同一性对角色混乱的冲突。如果这一阶段的危机成功地得到解决，个体就会形成忠诚的美德；如果危机得不到成功的解决，个体就会形成不确定性或无归属感、为人冷漠、缺乏关爱的意识。

第六阶段，成年早期（18~25岁）：亲密对孤独的冲突。如果这一阶段的危机成功地得到解决，个体就会形成爱的美德；如果危机得不到成功的解决，个体就会形成混乱的两性关系。

第七阶段，成年中期（25~65岁）：生育对自我专注的冲突。如果这一阶段的危机成功地得到解决，个体就会形成关心的美德；如果危机得不到成功的解决，个体就会变得自私自利。

第八阶段，成年后期（65岁以上）：自我完整与绝望期的冲突。如果这一阶段的危机得到成功的解决，个体就会形成智慧的美德；如果危机得不到成功的解决，个体就会产生毫无意义感。

根据埃里克森的人格发展阶段理论，小学阶段的主要发展任务是培养勤奋感。进入小学，儿童第一次接受社会赋予并期望他完成的社会任务。他们追求工作完成时所获得的成就感，以及所带来的认可与赞许。

不勤奋的小学生往往有以下一种或几种表现：（1）不愿意做他们力所能及的事情；（2）怕苦怕累、贪图享乐舒服；（3）害怕困难，不愿意动脑筋去了解事物，学习知识；（4）即使能够接受别人交代的任务，但在完成过程中马马虎虎，随时可能放弃目标，没有责任心等。

为了更好地培养小学生的勤奋精神，需要从下面三个方面入手。

第一，社会方面。每个人都是社会的一分子，每个人都会受到社会的影响。小学生融入一个群体、一个社会，会受到群体、社会的影响。我们可以通过媒体宣传，在电视的黄金阶段播放一些关于"勤奋"的广告，或者在公共场合如儿童娱乐园张贴"勤奋"事迹的图片等。

第二，学校方面。学校要通过各种渠道大力表扬那些勤奋的学生，鼓励和激励他人勤奋。还可以要求班级每学期召开几次以勤奋为主题的班会，利用校园平台播放一些与勤奋有关的名人故事，让每个学生浸润在勤奋的氛围中。

第三，家长方面。父母是孩子的一面镜子，父母的言行举止在很大程度上会影响孩子的行为。不勤奋的父母很有可能培养出一个不勤奋的孩子。所以，家长应该以身作则，给孩子树立一个良好的形象，成为孩子勤奋的一面镜子。同时，家长要在孩子勤奋或有勤奋的迹象时，及时鼓励与表扬孩子，让他们继续保持勤奋的精神。

思 考 题

1. 小学生身体各器官的发展特点及顺序是什么？
2. 小学生的神经系统是如何发展的？
3. 小学生认知发展的特点有哪些？
4. 小学生情绪发展的特点有哪些？
5. 小学生人格发展的特点有哪些？

第三章 小学生心理健康教育的原则与方法

本章导读▶ ···

1. 深刻理解小学心理健康教育各项原则的含义、意义及贯彻要求，并能在具体操作中体现。

2. 熟练掌握小学心理健康教育各种方法的操作要领，并能进行独立使用。

心理健康指的是个体在适应社会生活方面所表现出来的正常的、和谐的精神状态，表现在个体能够适应发展的环境，具有完善的性格特征；其认知、情绪反应、意志行为处于积极状态，并能保持正常的调控能力；在生活实践中，能够正确认识自我，自觉控制自己，正确对待外界影响，从而使心理保持平衡协调。本章阐述了小学生心理健康教育的原则以及方法等内容。

第一节 小学生心理健康教育的原则

心理健康教育应该是有其自身运作规律的。心理健康教育原则是长期心理健康教育实践工作的规律概括和经验总结，是根据学校教育的特殊要求和心理健康教育的任务确立的，是学校开展心理健康教育工作遵循的基本要求。小学心理健康教育原则从小学心理健康教育目标出发，反映了小学心理健康教育的基本规律。学习和贯彻这些原则，对于广大教育工作者自觉遵循小学心理健康教育规律，掌握小学生心理健康教育的技术，促进小学心理健康教育工作科学化，提高小学心理健康教育效果，均具有重要的理论和实践意义。

一、全体性原则

全体性原则，即面向全体学生的原则，指就服务对象范围而言，小学心理健康教育要面向全校所有小学生，而不是个别心理有问题的学生。

教育要面向全体，这是由教育本身的任务、性质和功能决定的。小学心理健康教育的主要任务和工作重点，是努力提高全体小学生的心理健康水平和心理素质，唯有以全体学生为服务对象，才能实现教育目标。再者，当我们对全体学生的工作做得有成效时，个别学生的问题便自然会较少发生，或更易于解决；反过来，如果绝大多数学生的心理发展需要得不到满足，心理健康维护受到忽视，即便是个别学生的心理问题得到了解决，结果新的问题仍然不断出现，从而导致捡了芝麻丢了西瓜，得不偿失。另外，面向全体学生原则还基于小学生的心理发展及其带来的困扰和危机带有普遍性，相应地，其心理需求也具有共同性，所以心理健康教育可用集体的方式进行。

贯彻全体性原则，应注意：首先，教育者要了解和把握所有学生的共同需要，以及普遍存在的心理健康问题确立教育计划；其次，对学生要一视同仁，创造条件，最大限度地让尽可能多的学生参与其中的所有活动；最后，所有工作的出发点都要有利于促进全体学生的发展和成长。当然，面向全体并不意味着一定要忽视个别，在实际工作中要把握好二者的平衡，使心理健康教育发挥最大效益。

二、本性原则

整体性原则是指在小学心理健康教育过程中，教育者要运用系统论的观点指导教育工作，注意学生心理活动的有机联系和整体性，对学生的心理问题作全面考察和系统分析，防止和克服教育工作中的片面性。

学校开展心理健康教育的本质是人格教育和社会化教育。从社会价值取向看，它重视学生德智体美全面发展；从学生自我完善的需求看，它注重学生知、情、意、行几个方面协调发展。中国传统文化中关于理想的健康心理的宗旨大多可归结为一个"和"字，在整体上把"关系和谐"作为健康心理的标准。这个标准，要求在身心的阴阳平衡、形神统一的基础上，将心理健康的内涵提升到人与社会、人与自然关系的高度。从系统的观点出发，学校心理健康教育的对象是一个个完整的活生生的人，而人的心理也是一个有机整体。所以，学校心理健康教育工作，绝不能"头痛医头，脚痛医脚"，就事论事。而应从个体心理的完整性和统一性、个体身心因素与外部环境的制约性及协调性等综合因素出发，采用相应的教育辅导对策。只有这样，才能使学校心理健康教育工作更富有成效，更有意义。

贯彻整体性原则，要做到：树立学生全面发展的观念，教育活动时刻要关注学生人格整体的完整和身心素质的全面提高；对学生心理问题的分析，要从整体、全局、多方面的角度进行，把内外因、主客观、家庭社会学校和个人诸因素综合起来；对学生的心理健康教育与辅导要采用综合模式，不局限于某一种方法和技术。

三、发展性原则

坚持发展性原则是指学校在心理健康教育过程中，必须以发展的观点看待学生，要顺应学生身心发展的特点和规律，促进全体学生获得最大程度地发展。学校心理健康教育兼有矫治、预防与发展三种功能，不过就整体而言，应该是以发展为主、预防和矫治为辅。

小学生心理健康教育的服务对象是处于成长与发展时期的学生，在防治的同时，更应追求发展，因为发展本身就是积极的防治，只有将防治和发展结合起来，并以发展为主，才能真正促进小学生心理的健康。如果学校心理健康教育只着眼于预防心理问题的发生、矫治青少年学生的不良心理和行为，则其目标就显得被动和消极；这是由于心理健康教育以全体学生为工作对象这一特点决定的，绝大多数学生的心理需求是解决成长与发展问题，也是由于从事学校心理健康教育的工作人员，就其专业素养而言，目前还很少能深入到"心理治疗"的层次，不过从根本上讲还是预防、发展比治疗更具有积极意义。

贯彻发展性原则，要注意：其一，要对学生、对人性持有正确的认识和信念，认识人的潜能，尊重学生的身心特点，明确发展既是心理健康教育的出发点，也是归宿；其二，在学校心理健康教育工作中，教师要辩证地看待学生的缺点和局限，重视教育与发展的关系，对学生的成长和未来持乐观肯定的态度，以鼓励和赏识来帮助学生战胜困难、克服缺点，促进自我发展；另外，还要走在发展的前面，做到"三早"：早进行、早准备、早干预。

四、学生主体性原则

学生主体性原则是指在心理健康教育过程中要尊重学生的主体地位，同时要使学生的主体地位得到实实在在的体现，注意调动学生的主动性、积极性。

学生主体性原则直接、集中地体现着学校心理健康教育的本质特征。这是因为，首先，心理健康教育的目的在于促进学生的成长和发展，而成长与发展从根本上说是一种自觉的和主动的过程，如果学生没有主动意识和主动精神，处于被动的地位，教育就会成为一种强制性行为，变得毫无意义；其次，心理健康教育又是一种助人自助的活动，"助人"是手段，让学生"自助"才是目的，这离不开学生的主体参与；最后，心理健康教育的任何内容和形式，唯有为学生所喜闻乐见、所认可、所接纳、所内化，亦即通过学生的主体活动，才能充分调动他们的积极性和主动性，才能开发其智慧和能力，从而形成健康的心理；此外，随着小学生自我意识、独立倾向快速发展，他们渴望通过自己的独立思考和主动探索解决面临的问题，检验个人影响环境和控制自己的能力，贯彻这一原则能够使学生追求独立发展的需要得到满足。

具体贯彻要求：所有的心理健康教育工作和活动都要从学生的实际状况和需要出发，以学生的现实生活和存在的问题为基准，以使学生的心理健康水平和心理素质得到提高为目的；尊重学生的主体地位，发挥学生的主体作用，鼓励学生自我选择和自我指导，促使学生自知、自觉、自助，不能采取强制手段，也不能替代学生解决他们自身存在的问题。

五、针对性原则

针对性原则也叫差异性原则，个性化原则，是就具体方法而言，指学校心理健康教育要关注和重视学生的个别差异，根据不同学生的不同需要，开展形式多样、针对性强的心理健康教育活动，以提高学生的心理健康水平。

小学生具有自己的个性特点，拥有不同的社会背景、家庭环境、生活经验和价值观念。学校心理健康教育不是要消除这些特点与差异，相反是要使学生的差异性、独特性最合适、最完美地展示出来，这是学校心理健康教育的精髓所在。一般来说，同一年龄段的小学生群体，其心理发展的层次具有大体相同和相对稳定的特点，而不同年龄段或不同年级的小学生群体在心理发展的水平上又存在着明显的差异性，这就要求小学生心理健康教育的内容和形式都必须有针对性，必须符合处于不同发展层次和水平的小学生心理特点，才能收到良好的教育效果。

具体贯彻要求：首先，要了解学生的个体差异和群体差异；其次，要尊重学生的差异，以真诚、友爱和平等的态度对待每一个小学生，灵活采用不同方法、手段和技术，具体运用心理健康教育的原理和方法；最后，要认真做好个案研究，积累资料，总结提炼，增强个别教育的实效。

六、活动性原则

活动性原则是指小学生心理健康教育要重视通过学生参与活动来促进心理的发展。

人的心理发展是在人与人的相互交往、人与环境的互动过程中实现的，学生的发展不是外力强加的，而是通过主体的活动主动实现的。活动是实现主体发展的必由之路，发展是主体参与活动的最终目的。只有活动才能有效地调动学生的主体参与性，改善他们的自我意识和情绪状态，使他们集中精力专注于辅导主题的展开，从而降低心理防御水平，更好地敞开自我的内心世界。而且，也只有活动才能打破课堂环境中长期以来存在的"知识本位""教师中心""灌输为主"的旧有的教育模式，建立起民主、平等的师生关系，构建起以学生为中心、以学生自主活动为基础的教育过程，并增强心理健康教育的开放性与实践性。以活动为中心的原则，把学生推到了活动的中心，学生变被动为主动，他们不仅是教育对象，而且是积极参与其中的主体。在活动中，他们的整体素质得到全面提高。

贯彻活动性原则要求做到：首先，要启发学生的主动性和自觉性，鼓励学生积极参与活动；其次，要精心组织和设计符合学生发展需要和兴趣爱好的活动，让学生在各种模拟与实际情境中去讨论、体验和训练；最后，要耐心指导学生实际操作，亲身体验。

七、保密性原则

保密性原则是指学校心理健康教育过程中，教育者有责任对学生的个人情况以及谈话内容等予以保密，学生的名誉权和隐私权应受到道义上的维护和法律上的保障。

保密性原则是学校心理健康教育极其重要的原则，是鼓励学生畅所欲言和建立相互信任的心理基础，同时也是对学生人格及隐私权的最大尊重。在心理健康教育过程中，尤其是个别教育与辅导过程中，学生会向教育者袒露很多个人的秘密、隐私、缺陷，以及由此而产生的心理和行为的困扰、矛盾、冲突等。教育者有责任、有义务对所有这些信息保密。除此之外，还不得对外公布求助学生的姓名，拒绝任何关于求助学生的调查，尊重求助学生的合理要求，等等，这些都是保密的范围。失密，对教育者来说，就是失职，对教育机构来说，是威信和名誉的丧失。这不仅要受到良心的折磨和舆论的谴责，如果导致严重的后果还必须承担相应的法律责任。

贯彻保密性原则要求做到：求助学生的所有资料和信息绝不应作为社交闲谈的话题；在训练的情况下，求助学生的个人身份能得到充分隐藏之外，个案的资料不应出现在教育者的公开演讲或谈话中；教育者应避免有意无意以个案举例来炫耀自己的能力和经验；教育者所做的个人记录，不能视为分开的记录，不能随便让人查阅；教育者不应当随便将记录档案带离咨询与辅导机构；任何咨询与辅导机构都应设立健全的储存系统来确保当事人档案的保密性。当然，替来访者保密也不是绝对的，在某些特殊情况下，为了进行科学研究，为了求助学生和他人的利益免受伤害，可以进行正当泄密，但依然不能损害求助学生的利益，要最大限度地保护求助学生。

第二节　小学生心理健康教育的方法

心理健康教育的方法重在活动，重在学生的参与，在实施过程中要采用灵活多样的方法，主要有以下几大类。

一、心理指导法

心理指导法就是心理健康教师直截了当地指示学生做什么和说什么，或者如何做和如何说。心理指导的本质在于直接造成行为改变，它清楚地指示改变什么，学习什么，以及如何改变，如何学习。

例如，针对小学生自我意识辅导，可以设计下面的活动。

请同学们连续 10 次自问自答：我是什么样的孩子？

指导性提示：

你可以从身材、外貌方面回答，例如，"我是一个黑头发、大眼睛的孩子。"让他们自问自答。

你可以从能力、智力方面回答，例如，"我是一个朗读能力好的孩子。"让他们自问自答。

你可以从性格方面回答，例如，"我是一个不爱说话的孩子。"让他们自问自答。

你可以从学习方面回答，例如，"我是一个认真做作业的孩子。"让他们自问自答。

还可以提示他们从兴趣爱好、朋友交往、与家长关系、与老师关系等方面回答。

经过几次指导，便会发现他们能从更多的方面认识自己、评价自己了。

心理指导法还可以跟其他方法结合用于小学生情绪的放松训练、提高自信及积极认知风格的建立等多个主题的心理健康辅导。

例：放松训练（指导语）——可截取部分。

二、心灵陶冶法

心灵陶冶法是指心理健康教师通过师爱、创设良好情境及创造各种富有情感教育的因素潜移默化培养小学生良好心理素质的方法。它的特点是：既不向学生传授系统的心理健康知识，也不对他们提出明确的要求；既无强制学生之措施，亦无立竿见影之显效。然而，它确实对学生有潜移默化的效果，能给学生的心理健康发展以终生性影响。关于这一点，首次提出陶冶概念的我国汉代学者董仲舒指出，人之性情"或仁或鄙，陶冶而成之，不能粹美，有治乱之所生，故不齐也。"

心灵陶冶法主要有以下三种形式。

1. 人格感化。这是教师以自身的心理素质为情境对学生进行的陶冶。俄国教育家乌申斯基曾经指出："任何章程、任何纲领、任何人为的机构，不论设计得如何巧妙，都不能在教育工作中代替人格的作用……只有人格能够影响人格的发展和形成，只有性格能够形成性格。"基于这样的道理，在心理健康教育工作中，必须强调教师本身的人格修养问题。应该使每一个教师懂得，心理健康教育"是对于受教育者心理上所施行的一种确定的、有目的和有系统的感化作用，以便在受教育者身心上养成教育者所希望的品质……所以，一个教师就必须很好地检点自己。"

2. 环境陶冶。这既包括社会、学校、家庭中的良好物质环境，也包括社会风气、校风、班风、家风等文化心理环境。我国古代传说的"孟母三迁"的故事，以及"近朱者赤，近墨者黑"的成语都体现着环境陶冶的教育因素。环境陶冶并不是一堆无生命物品的摆设和堆砌，而是对教育环境的人为优化，是以一种独特的方式向学生"说话"，对学生进行潜移默化的教育。同时注意启发和引导学生主动关注和参与环境的创设。例如，教师可以"如果叫我布置教室"为题发动学生设计布置方案，然后集中大家的智慧和各方案中的优点，使教室的布置凝结了学生的才智和情意，美观得体。不言而喻，在布置的过程中，学生的创造力和动手能力都得到了培养，且在创造美的过程中，也体验到美感、自豪感、成就感和热爱集体的情感。一句话，使个人的心理素质得到了优化。

3. 艺术陶冶。艺术包括音乐、美术、舞蹈、雕塑、诗歌、文学、影视等。作为人类智慧的结晶，它们来自生活、高于生活，形象概括，寓意深厚，感人至深，不仅能给学生以美的享受，而且能熏染他们的心理。在这方面，美国的做法是值得我们研究的。美国舞蹈、音乐、戏剧和视觉艺术这四门艺术教育的全国性组织，在联邦政府的直接干预下出版了《艺术教育国家标准》，并用副标题表明这是每一个年轻美国人应该知道和能够做到的。这种"素质教育"的思路把艺术等同于数、理、化、文、史、哲、外语的核心学科，既是从全球的文化视角来关注人的教育和发展（包括心理健康教育），也符合人类渴望心灵感知和审美体验的本性。

三、心理激励法

心理激励法主要有三种形式。

（一）强化干预法

强化干预法是建立在操作条件反射原理基础之上的，它是指系统地应用强化手段去增加某些适应性行为，或减弱、消除某些不适应行为的方法。例如，某一行为若得到奖赏，则以后该行为重复出现的频率就会增加，反之，则该行为出现的次数就可能会减少。用于激励的强化物可作如下归类。

1. 社会性强化物，指与社会肯定相联系的言语刺激和非言语刺激，也是教师经常使用的如表扬、给予注意、肯定的表情、目光的注视、身体的接触等。有研究表明，教师增加微笑或爱抚动作（点头、摸摸学生的头、拍拍学生的肩等），都能使学生注意力集中的时间随之增加。

2. 活动性强化物，主要包括学生喜欢的室内活动（业余消遣、手工艺、装饰等）、户外活动（运动、园艺、野餐等）、自由活动（逛商场、游园、游泳、旅游等）、被动活动（看电视、听音乐）及其他活动（电影、戏剧等）。有人研究小学生的书写教学，教师对儿童说明，凡是书写正确者都可以自由游玩，随后进行的虽然是抽查式地检查，但所有儿童的书写成绩都提高了。

3. 反馈性强化物，提供有关操作的反馈信息（有时反馈中也包括了其他形式的强化物，如表扬、鼓励）。这一点或许我们可以从众多的网络游戏成瘾中得到印证。

4. 物质性强化物，可以是学生喜欢的实实在在的物品，为了解决标准问题，有人发明了代币制，即用某一种票据或奖券的形式代替直接的强化，让获得这种代币券的学生换取他所需要的奖励。心理学家布雷尔研究了15个作文能力和社会技能都很差的小学一年级学生，使用代币制法，学生得到一定分数后，可收到代币券，并可持代币券在学校的特殊商店里兑换自己所喜欢的礼物。实验证明，该法取得了较好的强化效果。

（二）榜样示范法

榜样示范法是以别人的优良心理品质和模范行为对学生进行心理健康教育的方法。小学生富有模仿性，爱效仿父母、师长，尤其崇拜心目中的英雄。在良好的环境中，榜样的力量是无穷的，它能给学生以正确方向和巨大力量，促使他们身心健康发展。榜样包括：名人的典范、教育者的示范、同伴中先进典型的模范。

（三）励志教育法

根据社会的需要和学生个人的具体情况设计奋斗目标，鼓励和督促他们为实现自己的志向和目标而努力奋斗；也可以针对学生的心理缺陷和个人要求，选择相关的名言警句"放置左右"，用以长期警醒和勉励，已达到优化心理品质的目的。

四、心理训练法

心理训练法是有目的地组织学生进行一定的实际活动，以培养他们的良好心理品质的方法。小学生心理品质的培养离不开训练，只有在社会生活和实践的过程中才能形成、发展和完善。我国古代学者十分重视通过艰苦磨练来培育人才。如我们耳熟能详的孟子名言："天将降大任于斯人也，必先苦其心志，劳其筋骨，饿其体肤，空乏其身，行拂乱其所为，所以动心忍性，增益其所不能。"从心理健康教育的观点来看，这实际上是一种耐挫能力的训练。

五、小组讨论法

针对某一问题的情境，教师把学生分成小组，分组方式可以是随机的也可以是匹配的，具体情况具体设计。每个小组成员充分发表自己的看法，畅所欲言，最后形成小组意见，接下来是班级交流，最后由教师做总结。在讨论过程中，教师主要是使讨论顺利进行且不偏离主题，鼓励学生多提意见。此方法需要一定的认识基础，适用于学生自我评价、学习态度、个性、人际交往等方面的辅导。在具体的心理健康教育活动中，小组讨论法除了传统的专题讨论、情境讨论、辩论等方式外还可以表现为以下一些形式。

（一）两难问题法

教师利用假定的、设计的或真实的两难问题让学生进行判断，激起他们的内心价值冲突，触动其原有的心理认知结构，使他们产生认知失调或内心缺失感，以达到改变自己原有认知结构的目的，从而提高心理水平。教师应启发学生积极思考，主动交流和辩论，作出符合自己意愿的判断。此方法根据问题设置可用于不同年级的学生，在辅导内容方面适用于个性塑造和品德形成等方面。

（二）脑力激荡法

该方法是由美国创造学者奥斯本提出来的。它利用了集体思考和讨论的方式，使思想和观念相互激荡，发生连锁反应，以引出更多的意见和想法。目的是使学生在一种兴奋、有趣、安全及接纳的气氛下产生各种可能的观点和意见。主持讨论的教师要鼓励学生发表意见，容许异想天开，想法越多越好，不容许批评别人的意见，但可以将别人的意见加以组合或改造，还特别鼓励有创意的学生。在讨论时，教师不作评价，只在最后进行总结。该方法适用于各年级学生，在辅导内容方面多适用于学生智力发展的训练。

六、游戏法

心理健康教育是一个人际互动的过程，选择小学生比较擅长的沟通方式很重要，于是游戏法得以运用。游戏是儿童最自然、自发的行为，是学生普遍喜欢的活动，有益的游戏能给他们以快乐并从中受到教育。通过游戏，小学生能表达许多他还不能用言语清楚地表达的感觉和经验。游戏能尊重参与者的人格尊严，能宽容参与者真情的流露，能满足参与者施展自我的需要，它具有欢乐性、自主性、创造性、契约性和互动性等特征。

不同性质的游戏对心理素质教育有不同的作用，一般说来，竞赛性游戏能够调动学生参与活动的积极性，培养学生的竞争意识和团结合作精神；非竞赛性游戏可缓解学生的紧张和焦虑程度，再现原有的生活体验或获得新的体会与认识。运用游戏辅导的方式，可以满足大多数儿童的发展需要，鼓励和帮助儿童有一个好的准备，去接受以及受益于学校所提供的学习过程和经验，使每一个小学生都能成为身心健康的快乐儿童，都能拥有一个无悔的童年。如创设拍卖行的情境，教师扮演拍卖者，拍卖各种东西，如健康、亲情、快乐、财富、友情、美貌、自由，由学生扮演买主，说出自己最想要的东西及其原因。然后，教师问他愿意用什么来交换。用这种方法使学生感受自己的生活态度、目标、价值观对自己的影响的同时，在模拟情境中通过感受、理解、领悟并生成意义，完成内化：在现实生活中既要学会选择，也要学会放弃。

七、校园心理剧

校园心理剧是基于心理剧有关理论和技术的一种发展性团体心理辅导，是把学生在生活、学习、交往中的烦恼、困惑等，以角色扮演、情境对话、内心独白等方式编写小剧本进行表演，以此表现和解决心理问题，增进心理健康水平的一种心理健康教育形式。校园心理剧是心理剧在非临床心理治疗领域的一种应用，也是我国近些年来发展的一种新型心理健康教育方式。

（一）校园心理剧的创作过程

1. 素材。剧本可在生活中通过多角度、多层次收集学生普遍存在的心理问题，整理和分析心理咨询的典型个案；观察学生出现频率高的心理话题；设计调查问卷，了解学生需要解决的心理问题等。

2. 确立主题。校园心理剧要有针对性，基本是一剧一主题的原则，主题的确立是在素材收集的基础上进行高度概括的结果。

3. 设置时空框架。最好是学生比较熟悉的和有特定意义的时空环境。如空间可以选择教室、考场、操场等；时间可以假定在上课时间、考试时间、休息娱乐时间等。

4. 剧情的编写。这是整个校园心理剧的中心，也是校园心理剧的灵魂，内容要围绕主题展开，要富有矛盾冲突。校园心理剧主要是通过冲突来推动剧情的发展的。非常强调人物内在的心理矛盾、冲突和变化，力图透过个体这种内心世界的挣扎来反映心理问题的产生与转变过程。

5. 人物的选择。由于舞台的限制，人物宜少不宜多。人物越少，焦点就越突出，才能用更多的剧情来刻画主角的内心世界，角色要挑选气质类型比较符合的演员，最符合条件的演员就是提供素材的原型人物。心理剧诞生之初，就是给患者提供表演和宣泄其困惑的工具。并且要注意演员要由一个异质性较高的群体来演绎效果更好，同质性群体的负性情绪会相互传染而形成恶性循环。

（二）校园心理剧常用的技术

1. 直接呈现。校园心理剧可以充分利用情境的直观性，使学生对剧中所要展现的问题建立感性认识的基础上，使其真正地理解情境，把握并表现角色的心理冲突。

2. 哑剧表演。教师自己或与学生讨论提出一个主题或一个情境，让学生不用口头语言，充分运用肢体语言、面部表情等表情达意。例如，让学生表演与新同学见面的情境，表演赞美别人或者讨厌别人等情境。这种方法可以促进学生非言语沟通能力的发展。

3. 空椅子技术。让学生轮换扮演两个角色，与之打交道的另一个角色用空椅子代替，让学生练习同想象中的坐在空椅子上的人物说话。这种方法往往适合于社交方面有困难的学生。

4. 角色互换。该技术是心理剧角色扮演的核心，是校园心理剧最基本的技术，这一技术鼓励最大限度表达冲突情境，通过角色互换可以重新整合、重新消化和超越束缚他们的情境，充分表达参与者对现实的理解，从团体中的其他人获得关于他们扮演的角色态度的反馈。其优越之处是：可以借助角色把自己的苦恼和焦虑等情感充分表达出来，把不满和委屈倾诉出来，是进行心理压力宣泄的好办法；在一定程度上也可以帮助他们去发现甚至修正自己的歪曲观念；通过角色扮演，达到理解角色的处境，消除了误会和猜疑，是进行人际关系训练的好方法，如亲子关系、师生关系、同学关系等。此外，角色的即兴表演还可以克服羞怯和自卑心理，培养交往能力，增强学生适应环境的能力。例如，教师可以让一个学生扮演失败者，一个学生扮演帮助者。两人对话一段时间后，互换椅子和角色。

5. 改变自我。在角色扮演中，教师让学生按照干预者为他撰写的脚本，扮演自己改变后的情况。例如，某学生上课行为多动，教师让他扮演自己发生了改变，上课时不再多动的情况。

6. 镜像技术。是指主角看别人演自己，即让另一位演员来代表冲突中的主角，尽可能模仿主角的一切，让主角有如照镜子一样，看到自己的行为举止和内在心态，以旁观者的立场认识到其他人是如何看自己的。

7. 独白技术。主角直接面对观众说话，表达一些观众不能察觉的感受和思想，凸显主角内心的想法和挣扎。（对自己谈话，自言自语，对物谈话，未来自我投射）

8. 替身技术。有一位配角站在主角身后与主角同台演出，或者代替主角说话，这个配角就是"替身"。替身通过扮演主角进入到主角的经验世界中，体会主角的感受、想法和内在语言。

9. 未来投射。是指在舞台上将主角期待的自己将来的可能性表演出来。表演可由主角自己进行，也可以由配角进行。这是一种把主角对未来的期待戏剧性现实化的技术，主角或者有身临其境的经验和感受，或者好像看到自己所期待的未来的一个镜像。这种技术通常用在主角对未来有某种担心、焦虑或恐惧，而影响到当前生活的时候。当未来的可能性被现实地体验到后，主角可能会发现，原来对将来的担心、焦虑或恐惧等并没有想象的那么可怕。

思　考　题

1. 小学生心理健康教育的原则是什么？
2. 小学生心理健康教育的意义是什么？
3. 小学生心理健康教育的方法有哪些？
4. 小学生心理健康教育方法的操作要领是什么？

第四章　小学生心理健康教育与辅导方法

本章导读▶

1. 掌握小学生心理健康教育与辅导方法。
2. 掌握小学生自我意识的发展与辅导方法。
3. 掌握小学生的人际关系与辅导。
4. 掌握小学生生活适应的教育与辅导方法。
5. 了解小学生心理健康网络。

　　学习是一个经验的获得及行为变化的过程，从心理学上讲，是人和动物在生活过程中通过训练和实践而由经验引起的相对持久的适应性的心理变化。小学生通过学习来发展智力，增强体质，形成个性。但每个小学生的智力水平、学习能力和学习环境都存在着差异，学习过程中的体验不尽一致，学习效果也不尽相同。某些小学生在学习中产生烦恼、焦虑、厌烦、恐惧和拒绝学习等异常心理，作为小学教师，了解小学生学习中存在的问题、形成的因素，对于掌握调节学习压力的方法，培养小学生良好学习习惯和品质具有重要的现实意义。本章阐述了小学生心理健康教育与辅导、小学生自我意识的发展与辅导、小学生的人际关系与辅导以及小学生生活适应的教育与辅导等内容。

第一节　小学生心理健康教育与辅导

一、小学生学习障碍的表现及矫正

　　中国青少年研究中心与北京师范大学联合进行的一项大型调查表明，因"喜欢学习"而上学的小学生仅占8.4%。教育工作者对此深感苦恼，家长为此焦躁不安。在小学生中，厌学问题、学习困难、学业不良、注意障碍、学习疲劳、考试焦虑、学校恐惧、学习习惯较差等现象普遍存在。这些障碍对小学生学习能力的培养、学习潜能的开发和学习创造性的发挥都有不良影响。

（一）学习障碍的含义

1963 年，"学习障碍"（learning disability，LD）这一术语由柯克（S. A. Kirk）提出，此后它不断被修改、完善。1975 年，美国《障碍儿童普及教育法》将"学习障碍"定义为：与理解、运用语言有关的一种或几种基本心理过程上的异常，以至于儿童在听、说、读、写、思考或数学运算方面展示出能力不足的现象。一般来说，学习障碍指学习者因身心疲劳、紧张不安、心理矛盾冲突，在遇到突如其来的问题或面临难以协调的矛盾时常出现的异常现象，往往时间较短、程度较轻、随情境的改变而消失或缓解等。学习障碍的形式是多种多样的，包括在学习过程中经常出现的注意缺陷与多动障碍、记忆障碍、思维障碍、考试焦虑（将在本章第二节专门阐述）、学习疲劳（将在本章第三节专门阐述）等。这些学习障碍威胁着小学生的身心健康，阻碍了他们学习潜能的发挥和学业的完成。

（二）小学生学习障碍的表现及成因

1. 注意缺陷与多动障碍

（1）注意缺陷与多动障碍的表现

注意缺陷与多动障碍（attention deficit and hyperactive disorder，ADHD），指儿童智力正常或接近正常，却表现出活动过多、注意力难以集中、情绪容易冲动等现象，并伴有认知障碍和学习困难等。

注意缺陷表现为注意的稳定性较差，难以长时间保持在特定对象或活动上，注意力分散且难以持久，注意范围狭窄，容易被外界无关刺激引起注意的分散。如有人的书本掉到地上、有人在课堂上咳嗽一声、走廊里有人走动的声音，都容易导致小学生转移注意力，干扰其听课和学习，小学生明知不对，却难以控制。在注意分配上，表现为上课时既要听讲、记笔记，又要看书、看黑板，注意便发生障碍，手忙脚乱，顾此失彼。还有的小学生注意力不能保持在教师讲解课程的全部环节中，上课"跑神"现象十分严重。

小学生的注意缺陷与多动障碍一般有以下表现：

①活动过度。小动作多，在课堂上坐不住，甚至离开座位到处走动。与一般儿童的好动不同的是，他们的活动是杂乱的，缺乏组织性和目的性。

②注意力不集中。注意时间短暂，易分心，做事有始无终，丢三落四，做了一会儿作业又去干别的。

③任性冲动。自控力不足，经常未经考虑就行动，做事冲动，不顾后果。在做集体游戏时，不能耐心等待，时而乱跑乱动，经常打断别人的活动，起干扰作用。一些患有注意缺陷与多动障碍的儿童，还伴随有相关的行为与情绪问题，如学习困难、人际关系不良、日常生活料理上表现凌乱、缺乏责任心等。

④学习与生活管理能力较差，常常不能按照指示完成作业、家务或工作，常常丢失学

习和活动必需的物品及用具。

在学校和家庭中我们可以发现，注意缺陷与多动障碍的儿童经常表现为不服从纪律，与家长和教师作对；常常做些自己感兴趣的事而不管其后果如何，尤其是不顾对周围人的干扰和影响；做事马虎，粗心大意，错误不断；时常做出破坏性举动，如损坏公物等。

（2）注意缺陷与多动障碍形成的原因

①注意缺陷形成的原因。注意缺陷形成的原因主要有以下几种：

第一，从生理方面讲，注意缺陷主要与脑生理功能障碍有关。如过度疲劳造成大脑细胞负担过重，高级神经系统的兴奋与抑制过程失衡，大脑皮质出现保护性抑制状态，大脑皮质觉醒功能不足，使人昏昏欲睡，不能集中注意力，或者大脑过度兴奋，大脑皮质觉醒过度，致使大量不需要的感觉冲动传至大脑皮质，造成注意力涣散，难以转移或集中。

第二，从社会心理方面讲，对学习目的和作用认识不足是造成注意障碍的原因，缺乏学习动力和学习兴趣，个体情绪不稳定，自制力差，班风、学风不正常现象的干扰，家庭关系矛盾，情绪困扰等。

②多动障碍形成的原因。儿童多动障碍是一种复杂的心理障碍或心理疾病，形成的原因很多，不过其中80%具有遗传性，并且有神经生物学表现，比如脑体积异常、神经递质缺陷。一般来说多动障碍通常由以下因素导致：

第一，遗传因素。儿童多动障碍有家族遗传倾向，即患儿的父母或亲属在儿童时期也曾有多动障碍病史。

第二，孕期和围产期因素。母亲在怀孕时出现毒血症或者分娩时间过长，可能导致胎儿长大后注意力不易集中等毛病。

第三，生化因素。这与中枢神经系统中多种化学物质的代谢异常有关（如茶酚胺水平比正常水平低）。

第四，家庭和社会因素。父母关系不和、幼年丧母、学校课业负担过重、父母和教师的教育方法简单粗暴等，都可能促成具有遗传因素的儿童发病或加重病情。

第五，脑损伤。脑外伤或高烧、昏迷可能导致儿童多动障碍的发生。

例如，7岁的小强的多动障碍主要是家庭因素所致。他自幼父母离异，由祖母抚养照看，祖辈过度的疼爱造成小强过分自尊和"要强"。家庭教育的残缺，祖辈教养方式的单一，缺少健全的家庭教育和合理适度的限制与惩罚，加上脑中枢神经系统兴奋性过强、自控能力弱，导致小强出现多动障碍。

（3）注意缺陷与多动障碍的矫正辅导

①行为矫正法。注意缺陷与多动障碍儿童在课堂上不能保持安静，有时离开座位干扰同学学习，对教师布置的任务不能按时完成，或敷衍搪塞。强化法、代币管理法、契约管理法等多种方法可以用来减少此类儿童的多动与冲动行为。

②自我教导训练法。自我教导训练是一种认知取向的行为重建模式，主要目的是通过一些简单的、固定的自我命令让儿童学会自我行为控制。自我教导训练通过形成儿童积极的内在对话，来改变他的认知结构，从而进一步改善儿童的行为。行为冲动和多动的儿童

比起正常儿童较少使用自律语言，因而无法对行为做有效地控制。自我教导训练包括以下几个步骤：

第一，辅导教师的认知示范。即辅导教师一边说出自我教导语言（内容为完成任务的程序），一边完成某项任务，如演算习题。

第二，儿童在辅导教师的语言指导下完成该项任务。

第三，儿童外显的自我引导。儿童大声地说出自我教导语言，并用语言引导自己的行为。

第四，对过渡状态的自我引导。即儿童以小声的语言（默念）引导自己的行为，完成任务。

第五，儿童内隐的自我引导。经过多次练习后，儿童可以用"内心的声音"引导自己的行为，从而做出合乎要求的自控行为。

③向父母及其他教养人员提供训练指导。辅导教师向父母及其他教养人员提供有关训练方面的知识，使他们懂得注意缺陷与多动障碍的实质是什么、是如何产生的、预后如何、如何矫正。训练的内容是帮助父母及其他教养人员合理地运用奖惩策略。训练的目的是帮助父母及其他教养人员去"适应"儿童，而不是去"治疗"儿童。我国学者傅宏在参考国外学者理论的基础上，考虑中国国情要求，提出一个9单元的训练计划，内容包括：

第一，认识注意缺陷与多动障碍；

第二，认识亲子关系和行为管理的要义；

第三，改进父母对儿童行为注意的指向和品质；

第四，将上一单元中学习到的积极注意策略运用于现实生活中；

第五，建立家庭代币管制系统；

第六，学习运用惩罚策略；

第七，拓展惩罚策略；

第八，在公共场合下管理儿童的不当行为；

第九，对于要出现的不良行为进行管理。

④支持性的心理疗法。支持性的心理疗法主要指家长、教师和辅导者三方合作，共同施导，给予受导学生鼓励、说服、安慰、解释、疏通和指导等多种帮助，使其改变认知；在适当、适度、适时的帮助和教育下，受导学生改变不良行为习惯定势和由多动障碍带来的学习效果较差、人际关系不良等；受导学生在行为训练中不断强化合理的行为方式，克服不合理的行为方式；同时父母和教师及同学要改变对其歧视、冷漠、反对的态度，做到相互协作、耐心施教、系统训练，实行监督和检查，培养受导学生良好的自控能力。

（4）注意缺陷与多动障碍的诊断

如何判断儿童注意缺陷与多动障碍？有些专家采用访谈、观察和问卷调查等方法进行。表4-1给出了美国精神病学家联合出版的《精神障碍诊断统计手册（第3版修订版）》（DSM Ⅲ R）所列的注意缺陷与多动障碍的诊断标准。

表 4 - 1　注意缺陷与多动障碍症状标准

这种障碍的基本表现是注意缺陷 \ 冲动和活动过度。具有这种障碍的人都会在不同程度上显示出下述方面的问题。

注意：在考虑某种症状时，必须以具有相同心理年龄的人为参照依据，并且其症状发生频率明显高于同龄人。

1. 满足以下 8 项症状，并且持续时间在 6 个月以上。

(1) 经常手足无措或坐卧不宁；

(2) 在需要静坐的场合难以静坐；

(3) 容易被外部干扰所吸引；

(4) 难以及时把注意转移到团体活动；

(5) 经常冒冒失失、不假思索地回答问题；

(6) 经常难以跟随他人的指令（不是由对抗或理解障碍所致），如不能做简单的家务；

(7) 难以在需要保持注意的时候或在游戏中保持注意；

(8) 经常一件事情没有做完便又转移到另一件事情上去了；

(9) 难以安静地玩耍；

(10) 经常说个没完；

(11) 经常干扰别人，如突然闯进其他孩子正在进行的游戏中；

(12) 经常显得心不在焉；

(13) 经常把学校或家中必需的用品（如玩具 \ 铅笔 \ 书本）遗忘掉；

(14) 经常不顾后果做一些危险的活动，如不看四周便直冲上街道；

2. 发病年龄在 7 岁以前。

3. 不属于其他与发展有关的精神障碍。

虽然大部分日后被诊断为患有注意缺陷与多动障碍的儿童早在 3 岁时就已经表现出活动过度、不服从指令、注意时间短暂等问题，但往往直到他们上小学，当其注意短暂、活动过度等症状与学校的课堂规定发生冲突时，才被识别出来。在对儿童的注意缺陷与多动障碍进行诊断时，辅导教师还应注意的一个问题是，注意缺陷与多动障碍症状在不同年龄学生那里的表现是不同的。实际上，在表 4 - 1 的 14 个症状中，有 10 个是学龄前儿童或学龄初期儿童的典型症状。患有注意缺陷与多动障碍的青少年学生虽然仍然无法维持有效的注意和容易冲动，但伴随着注意缺陷与多动障碍而来的影响人际关系的攻击性行为，却会随着年龄的增长而逐渐消失。

2. 记忆障碍

记忆障碍指人在识记、保持、回忆或再认过程中发生的困难或异常现象，一般表现为识记能力差，保持时间短，遗忘速度快，回忆或再认出现错误，反应迟钝、头脑发"木"等。在小学生学习中，记忆障碍常常表现为以下两种情况：第一，记忆力减退。遗忘的速度、程度和范围超过了正常人，严重时，对过去经历过的事物无法再认或回忆，对学过的知识产生了暂时性遗忘。第二，记忆错误。在再认和回忆时发生混淆、错误和歪曲的现象，有的小学生在运算中会发生公式运用混淆、回答问题错误的现象。

记忆障碍形成的原因有：第一，学习目标不明确，学习动机不强，兴趣不浓，缺乏自信，再认和回忆时大脑皮质活动处于抑制状态；第二，没有掌握学习规律，发生了学习材料间的相互干扰现象；第三，学习过于疲劳，长时间单调的学习使大脑相应功能区域处于疲劳状态，兴奋和抑制失衡，新陈代谢功能失调，出现了保护性抑制，使记忆效率下降；第四，情绪过分焦虑或抑郁，造成急躁、烦恼、紧张、压抑、迟钝等，从而引起神经功能紊乱，记忆功能受到影响。此外，大脑器质性或生理因素也会引起记忆障碍，造成遗忘现象的出现。

3. 思维障碍

思维障碍表现为由于某种外来的或体内的有害因素破坏了思维器官——人脑的正常活动规律或扰乱了思维的逻辑进程，个体在思维过程中出现了违反常人逻辑的观念和思想，丧失了正常的正确反映客观现实的思维能力，对客观现实的反映发生了歪曲。具体表现为：抽象概括水平下降、抽象概括过程歪曲、联想过程出现障碍、思维逻辑进程出现障碍等。常见的表现有思维不连贯、思维迟钝、逻辑倒错、新作词语等。

出现思维障碍的原因有：第一，情绪过度紧张、压抑，形成不良的认知；第二，学习自信心不足，在分析、判断事物时缺乏准确性、果断性和逻辑性；第三，大脑长期处于疲劳状态，兴奋与抑制转换失衡；第四，在学习中过分依赖他人的帮助，缺乏独立思考问题和解决问题的能力；第五，只重视机械记忆的训练，缺乏逻辑思维和求异思维的训练，大脑智能得不到开发。此外，还有脑功能方面的障碍影响等。

（三）矫正小学生学习障碍的对策

1. 帮助小学生明确学习目的，激发学习动机，端正学习态度，培养浓厚的学习兴趣，养成良好的学习习惯，掌握正确的方法。

2. 帮助小学生培养稳定的注意品质和抗干扰能力，遵循注意的规律，适时进行注意的转移。

3. 帮助小学生用意志控制自己的行为，消除不良刺激的干扰，自觉同"分心"作斗争，增强学习自信心。

4. 帮助小学生运用遗忘规律，掌握学习方法，提高学习和复习的效率；引导他们保持身心健康、精神愉快、劳逸结合，防止大脑过度疲劳。

5. 教师要更新教育观念，探索有效方法和途径，促进"厌学"生观念转变，关注学生学习中的变化，适时辅导和及时矫正。

6. 家长、教师要提高自身素质，构建"家校共育"的教育模式，为学生改善学习提供积极的心理环境。

二、小学生考试焦虑的表现及调适

考试是选拔人才，检查学生掌握和运用知识、技能的重要手段。对于"考大"的一代来说，每个学生从小学到中学至大学直至就业，都经历了无数次考试。一般来说，只要掌握了扎实的知识，伴有临考的经验，就能考出优异的成绩。但是，小学生在考试中往往会出现异常的反应，如学习拔尖的好学生因临场过度紧张而在考试中发挥不佳，结果考试成绩较差；而平时考试成绩一般、学习并不突出的学生，临场镇定自若，发挥得力，取得了好成绩。这说明，考试成功与否取决于三大因素：知识经验、应试技能、考试焦虑。前两者的作用毋庸置疑，考试焦虑这一重要因素也绝不容忽视，它是影响学生学习的重要因素。

（一）考试焦虑的含义

考试焦虑是一种情绪反应，是由多种考试、测验所导致的焦虑，也称为成就焦虑或学习评估焦虑、测验焦虑等。最早研究考试焦虑理论的可追溯到 1914 年费林（Fenling）等人。他们以医学院的学生为对象，测定他们期末考试前后尿中的糖量，研究发现，在考试后，被试尿中糖分增加。后来苏联的鲁利亚（A. R. Luria）也注意到了考试状态中学生言语和运动的混乱，叙述了考试焦虑高的学生情绪不安定的表现。

考试焦虑对学习的影响是十分明显的。研究表明，考试焦虑对不同类型学科的学习会产生不同的影响。学生所学习的材料越复杂，抽象程度越高，学生受考试焦虑干扰的可能性就越大；而学生学习较简单、形象的材料，受考试焦虑干扰的可能性则相对较小。耶克斯与多德森（R. M. Yerks & J. D. Dodson）发现，焦虑程度与学习效率之间的关系呈倒"U"曲线，因此，为了获得理想的学习效率，保持适度的焦虑水平是比较适宜的，焦虑程度过强或过弱都会使学习效率下降。要取得最佳的学习效率，焦虑处于中等程度最为适宜，因为高焦虑往往使人精神过度紧张，心理压力较大，信心不足，而低焦虑又会使人学习动力不足。

（二）考试焦虑的表现及成因

1. 考试焦虑的表现

考试焦虑的表现为：在心理上多表现为忧虑、紧张、恐惧、坐立不安、慌乱，面对繁杂的学习内容和学习任务表现出无把握、无安定感和秩序感的状态；时常表现出注意力不集中，记忆混淆或减弱，思维迟钝或抑制，学习效率下降；情绪烦躁、易怒、抑郁，对自己缺乏自信，夸大失败，依赖性强，独立性差。在躯体上表现为肌肉紧张，视线模糊，呼吸急促，心跳加快，头昏脑涨，食欲不振，睡眠不良，胃肠不适，身体多汗，甚至腹泻、便秘等。

2. 考试焦虑产生的原因

考试焦虑的产生有生理的原因，如个别小学生缺乏锻炼、身体素质差，但主要是由心理和社会因素造成的。

（1）期望过高，心理压力大

家长和教师对小学生的期望和目标过高，过分关注其考试成绩，以重点中学或"优秀"等目标来要求小学生，使其过分关注考试成败。小学生对考试结果过分地紧张和担忧，影响了正常的思考和水平的发挥。

（2）学习习惯不良

小学生考前持续紧张地学习，经常熬夜，过分减少睡眠时间，导致学习疲劳，由此引发的过度紧张情绪会诱发考试焦虑。

（3）个人性格因素

面对同样的压力情境，不同性格和神经类型的人反应不同。一般而言，神经类型弱、不平衡、不灵活的人，其性格内向、敏感、自卑、多疑，遇事过度担忧，缺乏自信，对自己的能力估计不足，平时本身心理压力就大，容易患得患失，遇到重要的考试，就更紧张和不安。

(三) 小学生考试焦虑的调适

1. 家长和教师要营造宽松的成长环境，避免施加过大的压力

小学生正处于生长发育的关键时期，过早、过重的心理压力会使其幼小的心灵不堪重负。小学生的学习及其成绩只是其生活的一个方面，而并非全部，他们的成长和成才有着更广泛的内涵。这就要求教师和家长要端正自己的育人观念，给其减压，帮助其正确认识考试的意义，端正考试动机，引导小学生平时努力学习，而不过分看重考试的得失。

2. 纠正不正确的应考观念和做法

在考试前，学校和家长应及时沟通，加强对小学生的科学指导和帮助，以鼓励为主，结合小学生的实际基础为他指出努力的方向和目标，给他心理减压。心理减压的关键是纠正不正确的应考观念和做法，具体表现如下：第一，切忌渲染考试的艰难，使小学生出现"考试怯场"，在考试过程中抑制脑的信息传递和认知效能；第二，杜绝不良的"暗示"和不客观的"承诺"，让小学生依据自己的实际水平和程序进行复习和应答，不盲目乐观地夸奖，也不过度贬低和刺激；第三，不搞"疲劳战术"和"题海备考"，要让小学生以轻松、愉悦的心态应考。

3. 指导小学生掌握考试策略和方法

小学生掌握考试策略和方法，有助于克服考试焦虑。这些考试策略和方法包括：第一，注意正确填写身份资料，以免给教师登分带来困难，甚至搞错成绩。第二，注意教师说明，及时更正试卷中可能出现的错误，正确理解答题要求。第三，就答题顺序而言，应注意"先易后难""先做分多的，后做分少的"。第四，注意题目的难易，在遇到难题时应沉得住气，要想到我难别人也难，沉着应对，稳住阵脚，一时解不开，可先做别的题目；在遇到容易的题目时，不掉以轻心，要注意耐心审题。第五，答题完毕，认真检查。

4. 指导小学生掌握调控紧张情绪的技巧

教给小学生情绪调节的技巧可以帮助其有效地应对紧张的应考情境。常用的技巧有自我暗示法和放松疗法等。例如，可用自我暗示法：通过语言来调节中枢神经的兴奋性，以改善神经机能、调节情绪状态。当个体产生焦虑情绪时，可以想象一些轻松、愉快、舒适的情境，也可以反复默念"镇静、镇静，你一定可以考好"之类的暗示语，这样可以起到减轻或解除紧张情绪的作用。也可用放松疗法，如调整呼吸法，当内心感到紧张时，多次做深呼吸，直到情绪稳定为止。这些做法都可达到松弛肌肉、缓和心理紧张的效果。

上述心理调节的关键在于自我控制，前提是正确对待自己，调节的重心是适度的期望值。

对于小学生来说，考试不仅是对考生文化知识与学习能力的评定与考核，也是对考生体力、智力、情感、意志品质、心理素质综合能力的检验，是考生综合素质的较量与竞争。考生在考试中一两个小时的表现，既反映了平时的知识积累，又反映了考生的意志品质和心理素质。考生只要在学习上、精神上做好充分准备，掌握考试焦虑自我调适的方法，满怀信心，沉着应试，就一定能达到预定的理想目标。

三、小学生如何提高学习效率

小学是学生大脑不断发展和成熟的时期。大脑不仅是生命的中枢，也是心理活动的中枢，是智力活动的直接"发源地"。半个世纪以来，人类对大脑的潜能开发和利用进行了大量的研究，并将脑科学研究的成果应用于大脑功能开发中，这对于提高学习效率、挖掘人的创造潜能具有重要作用。国内外的研究为儿童如何科学利用大脑，发挥大脑的工作潜能，提高学习效率奠定了理论基础。

（一）提高小学生大脑的潜能

1. 人类对大脑的认识与研究

人脑并不是身体中最大的器官，一般来说，人的大脑质量为 1200～1500g，有 100 亿～150 亿个神经细胞。大脑分为左、右两个半球，其功能具有不对称性。大脑的左半球擅长计算和求同思维，具有计算、言语表达、逻辑推理、比较分析、书写等功能；大脑的右半球擅长直觉思维和求异思维，具有想象、空间知觉、音乐、韵律、色觉、幻想等功能。大脑左、右半球的功能既分工又协作，是一个完整的统一体。脑的创造潜能正在被人类所认识和利用。

20 世纪 70 年代末，有人提出要重视开发儿童大脑右半球的功能。80 年代又有人提出要重视对小学生进行"右脑教育"，以提高他们的智力潜能。在日本，1996 年出版的《脑内革命》一书，提出"潜能革命要从脑内革命开始"的观点。事实上，凡是对人类科学发展做出杰出贡献的人，都是充分利用左、右脑的人。如爱因斯坦是一位出类拔萃的科学家，从他的伟大科学建树来看，他是一位大脑充满各种抽象符号和公式的数学家，是左半球非常发达、逻辑思维能力极强的人。然而，爱因斯坦的伟大科学思想，来自图像和形象，然后这些图像和形象被翻译成语句和数学符号。同时，爱因斯坦又对音乐有特殊的爱好，所以爱因斯坦是一个左、右脑均非常发达的科学家。意大利著名艺术家达·芬奇亦是如此，他既是一位著名的科学家，又是一位伟大的画家、建筑师、雕塑家。

2. 通过教学开发大脑潜能，提高效率

根据脑科学的研究成果，我们可以看到传统的教学理论分割了大脑两半球的功能，只强调人的有意识的、理性的作用，教学过程所调动和利用的仅仅是左脑的功能，而忽视了右脑的作用，所以教学效果事倍功半。苏联学者认为，具有巨大潜力的人脑，如果经常被片面地使用，就会产生各种反作用力。他们指出，目前负责抽象思维的左半球负担明显过重，工作能力下降，反作用力加强，而负责形象思维的右半球则负担不足，未能得到有效利用。因此，充分挖掘右脑的潜力，使大脑两半球和谐发展是当今开发学生智能的新趋势，它对改善小学生的身心疲劳状态，提高其心理健康水平，具有重大的意义。

（二）学习疲劳的表现及消除对策

1. 学习疲劳的表现

学习疲劳是指学习量过大、学习方法不当而产生的学习效率逐渐降低，并伴有渴望停止学习活动的生理和心理现象。

例如芳芳在暑假参加了五个补习班和两个特长班，坚持一个月后，她感到精神疲乏，烦躁，无法集中注意力，学习效率降低，学习进度减慢甚至停滞。她实在忍受不下去了，但妈妈还是逼着她去上课，她说自己快要疯了。

学习疲劳分为生理疲劳和心理疲劳两类，其中以心理疲劳为主。心理疲劳的表现是对学习感到厌恶，倦怠，情绪紧张不安，烦闷，易怒，注意力不集中，学习积极性下降，学习兴趣减退，学习感到困难。生理疲劳表现为肌肉疲劳和神经疲劳。肌肉疲劳指肌肉痉挛，动作不协调，姿势不端正，疲乏无力等；神经疲劳表现为神经系统疲惫或紊乱，感觉迟钝，辨别困难，反应时间加长。在学习中，学习疲劳给小学生带来诸多不利的影响，使正常的学习活动发生困难，思维迟钝，反应缓慢，注意力涣散，情绪烦躁，焦虑不安，感到无聊，导致小学生厌恶学习。如果长期处于疲劳状态，就会导致"学习疲劳症"出现。因此，有效预防学习疲劳有利于小学生的身心健康。

2. 引起学习疲劳的原因

（1）心理原因

小学生对学习缺乏兴趣，学习动力不强，学习活动过于紧张，学习材料过于复杂，学习内容单调乏味，小学生感到枯燥没意思；学习环境较差，心情紧张、压抑等，这些都容易导致小学生疲惫不堪，产生心理疲劳。

（2）生理原因

学习疲劳的产生，直接与大脑皮层的内抑制有关。由于长时间紧张学习，皮层的能量消耗过程逐渐超过恢复过程，工作能力就会下降，兴奋性降低并出现保护性抑制。若大脑皮层长期处于疲劳状态，小学生就会出现视力减退、食欲不振、面色苍白、血压增高、大脑供血不足、头晕、瞌睡、失眠、乏力、手足发冷等症状。

（3）社会原因

社会原因主要指环境和教育的因素。小学生学习疲劳现象，与社会激烈的竞争，小学生缺少充足的睡眠，缺少合理的娱乐和休息时间，缺少科学的心智训练和适时的心理调适有直接关系。

有关资料显示，在目前世界各国的中、小学生中，每年累计学习时间最长的当属中国中、小学生。在成人早已实施了"双休日"的今天，中、小学生却与成人相反，他们没有"双休日""节假日"，大部分时间被校外补课、家庭教师强行挤占了，所剩无几的时间连做作业都不够，无奈只好减少睡眠时间。目前，我国中、小学生平均睡眠时间低于正常标准。按生理需要，小学生每天睡眠时间应不少于10小时；中学生每天睡眠时间应不少于8～9小时，学生的睡眠时间应与年龄保持对应（表4-2）。但目前我国中、小学生的睡眠时间普遍难以保证。睡眠不足，会导致儿童青少年视力逐渐下降，体质普遍较弱，心理压力普遍增加，身心健康受到威胁。

表 4 - 2 学生年龄与睡眠时间表

年龄/岁	6	7	8	9	10	11	12	13	14	15	16	17
睡眠时间/小时	12.3	11.5	11.2	11.0	10.5	10.2	9.8	9.6	9.3	9.0	8.8	8.5

3. 消除学习疲劳的对策

（1）改善课堂教学环节

许多研究表明，教学内容过难过多，超过小学生能力的限度，则学习难以维持，小学生理解问题发生困难，需要进行紧张的脑力劳动来死记教材，因而促使大脑皮层细胞大量消耗能量，很快使小学生疲劳。小学生注意力分散，对教学内容产生厌倦情绪，会使疲劳加速发展。因此，教学应贯彻量力性原则，由浅入深，逐步增加练习量，但不超越小学生可接受的度。教师要不断改善教学方法，增强教学的直观性、趣味性和审美性，改善室内卫生环境，提高小学生的学习兴趣和学习积极性。

（2）合理安排学习课程

研究表明，在正常情况下，大脑两半球各司其职，但又互相补充，用兴奋与抑制来交替工作和休息。大脑多功能区域活动也是如此。当大脑半球或某一区域活动占优势时，另一半球的区域相对处于休息状态。若长时间运用一侧大脑或某一区域，则该区域的细胞长期兴奋而得不到休息，营养物质明显减少，引起抑制作用的代谢废物增加，大脑就很容易疲劳，产生保护性抑制，学习就无法继续下去。因此，学校应根据课程性质的不同交叉安排课程，在时间上注意把易使小学生疲劳的较难学课程安排在上午第一、二节，较容易学的课程安排在第四节或学习日之末。教学方法灵活多样，使小学生多种器官协同活动，大脑不同部位有机地进行兴奋与抑制的交替和转换，这样可以较好地防止小学生出现学习疲劳。

（3）保证充足的睡眠

保证充足的睡眠是消除疲劳的主要方法。睡眠可弥补肌肉细胞、神经组织消耗的能量、养料，排除学习过程中机体内所产生的废物，使大脑细胞免于衰竭和被破坏，对大脑的发育、脑功能的恢复、记忆的巩固都有重要的作用。睡眠是学习精力的源泉。充足的睡眠可以保障精神振奋、头脑清晰、思维敏捷。长期睡眠不足，会导致神经衰弱和其他心理障碍的出现，影响身心健康和学业的完成。

（4）适当开展文体活动

适度的文体活动，可使紧张的学习生活得到调节，有利于消除疲劳，提高大脑的工作效率。优美的音乐及文娱活动还具有保健、治疗作用，并激发想象力、创造力，促进智力发展和身心健康。体育锻炼可以促进新陈代谢，改善大脑机能，使身体各机能系统得到锻炼和增强，使神经系统得到相应的锻炼，使活动的准确性、灵活性相应得到提高，使人乐以忘忧、消除疲劳，从而提高学习效率。

（5）保证大脑营养充足、合理

儿童时期正是身体生长发育时期，保证充足的营养供应，如丰富的蛋白质、脂类、钙类，足够的维生素以及磷、锌等微量元素等，这是大脑得以健康发育的物质基础。因此，要保证一日三餐营养充足、合理搭配，不要盲目补脑，因为摄入过多的高蛋白、高脂肪物质对身体健康、改善疲劳无益。此外，保持积极、乐观的情绪状态，也有助于健脑益智。

（三）小学生如何科学、合理用脑

大脑是一切智慧行为的物质基础。为什么有的人头脑聪明、灵活，学习和工作效率高且不易疲劳？为什么有的人大脑愚笨、迟钝，工作学习效率低，易产生疲劳？这主要与个体是否科学、合理使用大脑，讲究用脑卫生保健有直接关系。怎样才能科学、合理用脑呢？

1. 多用脑，勤思考

著名的科学家富兰克林说："懒惰像生锈一样，比操劳更能消耗身体，经常用的钥匙是亮闪闪的。"勤用脑，大脑才有活力。少用脑的人经常抱怨头脑集中不起来，老是进入不了角色，这实际是大脑"用进废退"规律的反映。人们在思考时，大脑皮质的脑血管血液循环加快，处于舒展状态，使神经突触互相接触和联结的机会增多，并使神经突触的末梢长出新芽，形成新的固定神经网络。一个人越是经常用脑，传递、储存信息的神经网络也越发达。所以学习勤奋的人，往往记忆力和理解力越来越强。

2. 注意用脑方法，增强用脑效率

人脑的神经细胞有几个功能不同的区域，有触觉、嗅觉、听觉、视觉等区域。研究表明，人在学习中单纯靠听觉只获得45%的信息，单靠视觉只获得65%的信息，如果既听又看可以获得87%的信息。如果把视、听、谈、写结合起来，形成四连神经通路，共同向大脑传递信息，在课堂学习中坚持手脑并用，多种器官协同活动，就能促进大脑功能的完善，提高学习效率。比如，小学生在知识学习和掌握的过程中善于运用多种用脑方法，既可增强记忆又可提高效率。常见的方法有以下几种：

（1）争论法。在学习中几个人在一起交流切磋，通过广泛争论和分析，往往会茅塞顿开，触发灵感，互相启发，相得益彰。

（2）视觉心象法。视觉心象法指把学习的材料同视觉心象联系起来。如实验现场的操作情景，运算用的表格、图像等，会在头脑里留下深刻的"痕迹"，所以在回忆时能很快再现出来。

（3）重现法。重现法即"过电影"或"尝试性回忆"。在学习知识中对于还没有完全记住的材料内容先试图回忆，回忆不起来再去复习，这种方法不但容易记住，而且保持时间长久。

（4）音乐伴随法。音乐伴随法是用欢快的音乐调节大脑及整个神经系统的功能，这对于消除因学习紧张而引起的心理疲劳的效果很好。同时，优美的音乐可以使心理放松，使情绪镇定、恬静、愉快，消除烦恼和焦虑。激越昂扬的曲调，能激发人体内的潜能，使人精神焕发，对于消除由负面情绪导致的精神抑郁以及由挫折引起的心理疲劳来说，效果尤佳。我们在实践中会发现，每天在学习最紧张的时候，播放一段优美的音乐，让小学生伴

随着音乐做保健操或跳舞等，会很快驱逐学习疲劳之感，转换因临近考试而形成的考试焦虑。

3. 掌握大脑活动规律，科学安排学习时间

（1）按人体生物钟节律安排学习活动

生物钟是指人体自身有节律的变化过程。人的体力、智力、情绪等生命活动都具有一定的节律变化，我们对其可以仔细观察，掌握自己的生物钟变化规律，感觉自己哪一段时间精力最旺盛，就适时地安排学习和工作。有的小学生感觉自己每天上午8点左右，大脑严谨、周密思考的能力最强；也有的小学生认为晚上8点以后自己的大脑功能处于最佳状态。所以充分利用人体生物钟变化规律，合理地安排学习时间是非常重要的。不过每个人的生物钟节律是不同的，生物钟节律对于一个人来说也不是一成不变的，人可以靠意志来改变生物钟节律。为了提高小学生学习的效率，遵循大脑生物规律，要注意劳逸结合，在过度疲劳状态下，不宜强记强背，在紧张的脑力劳动1小时后休息一段时间才可以进行学习。在反复识记同一性质的材料时，不宜持续识记，而要交叉学习，如文理交叉等，以免产生前摄抑制或倒摄抑制。

（2）遵循遗忘规律，搞好复习

艾宾浩斯的遗忘规律表明，识记的材料在开始时遗忘速度很快，如果我们采用合理的复习方法就可以减缓遗忘。怎样才能合理复习呢？首先，做到趁热打铁，在尚未遗忘前就进行复习，可以抵制遗忘的速度；其次，集中复习与分散复习交替进行；最后，同一材料性质的内容不宜放在一起复习。总之，掌握科学的用脑方法，遵循大脑工作的规律，调动主观能动性，有助于消除学习烦恼和学习疲劳现象，提高学习效率。

（3）开发大脑潜在功能，改进教学方法，提高学习力

脑科学是20世纪50年代迅速崛起的一门新兴学科。它集神经生理学、神经生物学、认知神经科学、语言学、认知科学、人工智能为一体，是一门跨学科的新兴学科。它对信息社会、知识创新、全面开发大脑功能，对改革教学方法，提高教学效率，以至促进人的全面发展都具有深远的影响。

现阶段，在小学生中普遍存在着注意力不集中，做事拖拖拉拉、马马虎虎，书写慢且经常写错别字，阅读能力差，学习负担重，心理压力大以及厌学情绪等情况，这些问题的出现不仅影响了小学生知识掌握的质量，也影响了小学生的学习品质和身心全面发展。如何着眼于小学生的终身发展，培养小学生的学习力？如何改变这种教师苦、学生累的被动局面？这样的问题已经引起了许多教育工作者的思考和探索，多年来，学校一直在探索一条帮助小学生减负增效的捷径，在这方面亦取得了一些进展，尤其在有限的时间内系统培养小学生的学习习惯，整体提高小学生的学习力和学习效率，已成为大脑功能开发的新课题。

①利用儿童大脑机能优势，通过强化阅读、书写、计算、语言表达能力整合训练，挖掘儿童感知、注意、记忆等综合潜能，通过兴趣阅读、提速阅读、拓展阅读等多样化阅读训练和规范的书写训练，促进儿童学习能力的提高。

②以英语、美术、音乐和体育课程等为载体，开展丰富多彩的训练活动，拓展学习训

练内容，主要包括：一是基于脑力提升的提速阅读训练、直读训练、面式阅读训练、脑力升华训练；二是基于认知发展的思维导图训练；三是基于手脑协调的"手指操"训练；四是基于脑与动作协调发展的体育健身运动训练，如翻绳游戏、花式跳绳、七巧板等。

③通过拓展课程内容，创新校本课程体系，引导小学生自主参与学校多元化、个性化的校本课程学习，满足多种兴趣需要，展示个性化才能，增强学习的自觉性，感受学习的快乐和幸福。

④利用儿童学习力发展的关键年龄，即7岁这个儿童学习力快速发展期，有效开展以幼小衔接为突破口，以课程为载体的学习力培养教学实践活动。

⑤创设学习的情境，激发探索的好奇心，拓展学习的空间，提供观察、反思、分享、竞争和互助学习及训练的机会，让儿童在参与各种读书报告会、英语拉力赛、学术沙龙、智力旅游、音乐表演、美术竞赛、运动健身、益智游戏等丰富多彩的学习活动中，培养创新、创造、想象和求异精神，培养解决问题的动手能力。

第二节　小学生自我意识的发展与辅导

一、小学生自我意识的发展

自我意识的发展被认为是个体心理健康的基础和重要组成部分，同时也标志着个性形成和发展的水平。

（一）自我意识的含义

自我意识即主体的自我认识，是主体对自己的认识和对自己的态度的统一，包括对自己与周围事物关系的认识；对自身机体及状态、自身肢体活动的认识；对自身的思维、情感、意志等心理活动的意识，包括自我概念、自我评价、自我体验、自尊心、自豪感、自我监督、自我调节、自我控制等。

儿童进入小学以后，自我意识获得迅速发展，其总的趋势表现为：第一，小学一年级到三年级处于上升时期，其中一年级到二年级上升幅度最大，是上升期中的主要发展时期；第二，小学三年级到五年级处于平稳阶段，其年级间无显著差异；第三，小学五年级到六年级又处于第二个上升期。随着抽象逻辑思维的逐渐发展和辩证思维的初步发展，小学生的自我意识不断发展。

（二）小学生自我意识发展的特点

关于小学生自我意识发展的特点，我们可以从小学生自我概念的发展、自我评价的发展和自我体验的发展三个方面加以说明。

1. 小学生自我概念的发展

自我概念指个人关于自己的观念体系，是个体心目中对自己的印象，包括认知成分（对自己的品质、能力、外表、社会意义的认识），情感成分（自尊、自爱、自卑），评价一意志成分（自我评价）等。小学低年级学生，对自己各方面的认识多停留在诸如姓名、年龄、性别、住址、自身特征等外部特征方面。例如，某小学低年级学生的自我描述为："我的名字是王××，有一双黑眼睛，长得胖乎乎的，可爱极了。我家里3口人，父母都是老师，我的钢琴弹得很棒!"到了小学高年级，小学生对自己开始根据品质、行为的动机及人际关系等特点来进行描述。例如，某小学高年级学生的自我描述为："我是班里的数学尖子，当上了中队长，每次选票都排在前几名；体育有特长，能够做到德、智、体等全面发展。"

自我概念的发展在小学生个性和社会性发展中始终处于中心地位。小学生在对自我身体和心理上的认识中，使自己和别人区别开来，便形成了自我概念。

2. 小学生自我评价的发展

自我评价指个人对自己的评价，包括能力、品质以及在他人当中的地位等。自我评价是个体经自我感觉、自我观察和自我分析后对自身做出的评价，对个人行为起重要的调节作用，并影响个人的活动效率和个性的进一步发展。

小学生通过对他人的认识来认识自己，通过分析他人对自己的评价来认识自己，通过自己在活动中的表现及取得的成果来认识、评价自己。

小学生自我评价的广度和深度在小学阶段都有明显发展。首先，从顺从别人的评价发展到有一定独立见解的评价，自我评价的独立性不断增强。其次，从比较笼统的评价发展到对自己个别方面或多方面行为的优缺点进行评价，并表现出对内心品质进行评价的初步倾向。最后，其自我评价的稳定性逐渐加强。但是总的说来，小学生自我评价的能力还不高，发展良好的自我评价对小学生的发展有极其关键的意义。

3. 小学生自我体验的发展

自我体验主要是自我意识中的情感问题，其表现形式之一是儿童的自尊心。自尊心强的儿童往往对自己的评价比较积极；相反，缺乏自尊心的儿童往往自暴自弃。自我体验包括对自己所产生的各种情绪情感的体验，一般来说，愉快感和愤怒感出现较早，自尊感、羞愧感和委屈感出现较晚。

（三）影响小学生自我意识形成与发展的因素

教师的喜欢程度、同伴关系、学习成绩、兴趣爱好对小学生的自我意识都有重要影响。教师喜欢、同伴关系好、学习成绩好的学生自我意识水平较高。不同的兴趣爱好对小学生自我意识的影响不同。爱好阅读、写作的小学生自我意识水平较高，喜欢运动和参与多种游戏活动的小学生一般行为协调能力较强，比较合群，交往面较宽。因此，培养小学生良好的师生关系和同伴关系，扩大交往面，培养良好的交往能力，有助于小学生自我意识的形成与发展。

（四）小学生自我意识的培养与辅导

在小学阶段有意识地对小学生的自我认识、自我尊重、自我调控方面进行培养，对于小学生心理健康的维护、心理素质的提高无疑具有极其重要的意义。

1. 健全的自我意识的标准

培养小学生健全的自我意识，首先应了解怎样衡量一个人的自我意识是否健全，也就是要清楚小学生自我意识的培养应该参照什么标准。一般认为：

（1）自我意识健全的人，应该是一个有自知之明的人，既知道自己的优势，也知道自己的劣势，能正确评价自我和发展自我。

（2）自我意识健全的人，应该是自我认识、自我体验和自我控制协调一致的人。

（3）自我意识健全的人，应该是积极的、肯定的、独立的，并与外界保持协调一致的人。

（4）自我意识健全的人，应该是理想自我与现实自我统一的人，有积极的目标意识和内省意识，积极进取、永无止境。

2. 小学生自我意识培养与辅导的内容

健康的自我意识可以分为不同的心理成分，主要体现在自知、自尊、自控三个方面，而根据"健康自我意识"在"生理—心理—社会"三个层面的不同表现，自我意识又可以划分为生理自我、心理自我和社会自我三个层次。这样，小学生健康自我意识的培养就可以从自我意识的不同心理成分及其在不同层面上的表现两个维度出发。

（1）自知

生理自知：对自己生理状态、自然情况的认知，包括对自己身材、外表的认识与了解等内容。

心理自知：对自己心理状态及个性心理特征的认知，包括对自己的学习能力、情绪和兴趣爱好、意志品质、性格特点的了解等内容。

社会自知：通过对他人的了解而达到的对自己的认知，包括对自己亲人、同伴、教师的深入认识和了解，进而更进一步了解自己。

（2）自尊

生理自尊：对自己生理状态、自然情况的肯定和悦纳，包括对自己的身体与外表的接受和喜欢等。

心理自尊：对自己心理状态及个性心理特征的肯定和悦纳，包括自信心、成就感的培养等。

社会自尊：通过对别人的尊重而获得的自我尊重，包括对周围人的接纳和肯定，对自己的家庭、所处学校的接纳和肯定。

（3）自控

生理自控：对自己肢体的自我调控，包括动作灵活性、协调性等。

心理自控：对自己心理状态的自我调控，对自己个性心理特征有意识地培养，包括情绪的自我调控，为了长远目标而对目前低级需要的控制（道德意志），为达到目标而做出的克服困难的努力以及自我人格的扬长避短。

社会自控：在与他人的交往中对自己行为的自我调控，包括社交能力、耐挫折力的培养等。

3. 小学生自我意识培养与辅导的对策

(1) 引导小学生正确地认识自我

①帮助小学生了解自我。

帮助小学生了解自我主要有以下途径：

第一，可以使小学生通过认识别人来认识自己，以人为镜。也可以使小学生通过分析他人对自己的评价来认识自我。这还需要教师与家长帮助小学生客观地分析他人的评价，尤其是正确对待贬抑性的评价。

第二，可以让小学生通过社会比较来了解自己。如选择与其他人的比较来了解自我，尤其是与自己条件相类似的人作比较；将目前的自我与过去的和将来的自我作比较，将自己的追求与成就进行比较。

第三，可以让小学生通过自我观察来认识自己。既可观察自己的外部行为，从行为及行为的结果中推断出自己的能力、气质、性格等心理特征，也可以直接观察自己的内部心理活动，从自我体验、自我分析中认识自己。

②增强小学生的自我评价能力与社会认知能力。

增强小学生的自我评价能力与社会认知能力，使他们能够批判地接受别人的评价，避免产生自我认识的偏差。例如，有的小学生总喜欢与比自己强的人作比较，结果总是感到自己一无是处；而有些小学生又总喜欢与比自己弱的人作比较，结果往往是沾沾自喜、不思进取。因此，教育者应该注意引导小学生从多个角度、多个侧面评价自己，引导小学生进行纵向比较，看到现实自我与理想自我的差距，同时也要看到现实自我与过去自我的不同，看到自己的进步；还要引导小学生进行横向比较，与超过自己的、与自己相似的、比自己稍差的同学作比较，找一找差距存在的原因，并加以综合分析，以获得较为客观的评价，既不妄自菲薄，也不自负自满。

(2) 引导小学生积极地接受与悦纳自我

悦纳自我是发展健全自我意识的核心和关键。一个人首先应该自我接纳才能被别人所接纳。只有在自我悦纳的基础上，小学生才能培养自信、自立、自强、自主的心理品质，才能发展自我和更新自我。

教师和家长可以通过古今中外的伟人们对待不足与缺陷的事例，启发小学生思考如何对待自己；应该让小学生懂得积极悦纳自我就是要无条件地接受自己的一切，无论是好的还是坏的、成功的还是失败的、有价值的还是无价值的，凡是自身现实的一切都应该积极地悦纳，并且扬长避短，平静而理智地对待自己的得失成败，做到乐观开朗，以发展的眼光看待自己。小学生不要以虚幻的自我来补偿内心的空虚，自欺欺人，也不要消极回避自身的现状，更不能以自责甚至厌恶自己以至于轻生来否定自己。

(3) 引导小学生有效地控制自我

自我控制是人主动定向地改变自我的心理品质、特征和行为的心理过程。有效地控制自我是健全自我意识，完善自我的根本途径。因此，家长应该从小就发展孩子的自我调节与自我控制能力，使他们尽早地实现自我教育的功能。培养小学生自我控制能力一般可以从以下几个方面入手：

①帮助小学生合理地定位理想自我。

理想自我是个人将来要实现的目标，小学生在确立其内容时，要立足现实，从自身实际出发，既不好高骛远，也不将目标定得唾手可得，目标应该是通过一定的努力可以实现的适宜的目标。目标定得太高，容易使小学生失去信心，失去斗志，以至于因挫折和失败的打击，最终丧失自我调控能力。

②培养小学生健全的意志品质。

意志品质健全的人，在行动的自觉性、果断性、自制力和顽强性等方面都表现出较高的水平。对自我的有效监督和控制，离不开意志的力量。只有意志品质健全的小学生才能真正做到自我有效控制，从而最终实现理想中的自我。因此自我意识的完善应该从培养小学生的意志品质做起，帮助他们增强承受挫折的能力，提高自控能力。

二、小学生自尊心理及辅导

自尊、自爱、自卑、自傲、自信心、责任感、优越感等是自我意识在情感方面的表现，是以体验的形式表现出的个人对自己是否悦纳的情绪。下面着重从自尊心理与自卑心理两个方面来理解小学生自我意识的情绪体验。

(一) 小学生自尊心理概述

自尊是社会评价与个人自尊需要关系的反映，是个体对自己有价值感、重要感的一种自我体验。它包括自尊心和自尊感。自尊心是个体自己尊重自己的情感体验，是自尊感的基础。自尊感是与个人要求、他人尊重自己的需要相联系的情感体验。

自尊在个体自我意识中占有重要地位。提高小学生的自尊心不仅能够帮助小学生改变对自我的评价，形成对自己良好的自我印象，而且能增强他们的交往能力，使其保持良好的心境，促进其身心的健康发展。

1. 小学生自尊的结构

小学生自尊至少分化为学业自尊、社会性自尊和身体自尊三个层次。这三个层次的自尊又进一步分化为不同学科的学业自尊、同伴关系自尊、家庭人际关系自尊、身体能力自尊和身体特征自尊等，见图4-1。

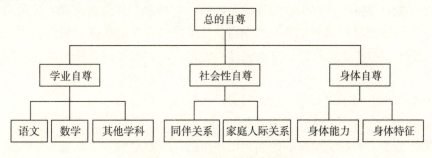

图4-1　小学生自尊的结构

2. 小学生自尊的形成

心理学家库利（C. H. Cooley）认为，自尊是一种社会的建构。他强调来自他人的积极的关注形式，如赞赏、尊敬等是决定自尊的关键因素。还有许多研究者把成人对儿童的态度比作一面社会的镜子，认为周围成人对待儿童的态度在儿童自尊心的形成过程中起着重要的作用。这是因为自尊心的形成是一个社会化的过程，儿童在其社会化的过程中不断接受成人社会的价值标准，领悟着父母、教师依据这些价值标准而产生的对自己的看法与评价，并将这些评价标准连同父母的看法与评价、赞许与谴责加以内化。在这种内化的过程中儿童产生了自尊的需要。随着小学生自尊心的形成，他们也就形成了对自己稳定的看法、认识和态度。因此，作为教育者，应当清楚并理解小学生对自尊的需求，以正确的态度与教育方法促进他们健康成长。

教育者尤其要懂得通常小学生会关注某些他们渴望获得成功的领域，即这些领域或问题对他们来说是极为重要的。如果小学生感到自己在这些重要方面有天赋，能胜任并成绩斐然，那么他们将会获得较高的自尊。反之，不能达到自己所期望的目标，会导致低自尊的产生。教师和家长可以通过细心观察了解小学生在哪些方面自尊感强，在哪些方面自尊感比较弱。

（二）小学生自尊水平对心理健康的影响

根据小学生自尊的发展水平，我们把小学生分为高自尊、中自尊和低自尊三种水平类型。不同小学生的自尊表现有所差异。高自尊的小学生能够自我接纳、开放自我、自我展示、自我赞许、自我超越。他们具有较强的独立性，不易受暗示的影响，对生活较为满意。低自尊的小学生往往对自己持否定态度，看不起自己，不喜欢自己，甚至否定自我。中自尊的小学生对自己不太相信，需要更多的社会认可，能遵守各项规章制度。

个体的自尊心是心理成熟的标志，小学生的自尊是从低级向高级发展，从生理性自我体验向社会性自我体验发展的。在认识发展的基础上，小学生逐渐懂得他人对自己有一定的看法，开始学会在不同的人面前有不同的表现，也开始用自己已接受的标准来加以评价。如果对自己的评价很高，则说明小学生的自尊程度也很高。一般研究发现，自尊程度高的小学生在学校容易被同伴接受，对自己的判断更有信心，能以更高的热情投入到新的学习任务和活动中。

为什么要把自尊看作小学生心理健康发展的一个非常关键的因素呢？因为自尊在个体的整个生命历程中都发挥着非常重要的作用，是性格结构中的可贵品质。正如苏联教育学家苏霍姆林斯基所言：人类有许多高尚的品格，但有一种高尚的品格是人性的顶峰，这就是个人的自尊心。

自尊对小学生心理与行为的影响主要表现在以下几个方面：

（1）自尊对小学生的行为动机有作用

自尊是伴随着人的成功与需要的满足而产生的一种心理倾向，它能激励人的行为，改变人的活动效率，对行为起着重要的动机作用。自尊动机的作用在人的生活、工作中表现得非常突出，缺乏自尊心会使人产生自卑心理，妄自菲薄，甚至自暴自弃。如果自尊过度，就会出现自我膨胀与自我陶醉，影响小学生与他人的交往。缺乏自尊心的小学生在与他人交往时常常产生困难，有孤独感，荣誉、成就、地位等社会要求水平降低，丧失向上的勇气和决心，变得意志消沉，遇到挫折有可能就此沉沦。

（2）自尊对小学生健康人格的形成有重要影响

性格特征是个性结构的重要组成部分。许多性格特征，如开朗、活泼、忧郁、粗暴等，都和自尊有密切的关系。小学阶段是性格形成的关键时期，小学生经常体验到失去自尊的感觉，就会影响他们性格的形成和发展，他们会表现出自卑心理，对学习、生活和工作失去自信，一遇到需要表现的时候就唯唯诺诺、怯懦退缩，不能肯定自身存在的价值，不会客观地分析自己。长此以往，他们可能会形成不良的性格。

（3）自尊对小学生的生长发育有较大的影响

自尊不仅影响人的心理健康，也影响着人的生理健康。小学生对自己的身体发育和外貌体征不满意，缺乏自信，产生自卑，就不会积极地参与社会活动，不能与他人保持或建立一种和谐的关系。长期自卑的小学生，情绪的压抑会导致内分泌机能、神经系统功能紊乱，严重时会导致一些器质性的病变。

可见，自尊是小学生身心健康发展的重要标志之一。自尊能指引和确定小学生的行为方向，帮助他们规划如何行动，从而把小学生人格的发展纳入他们自我意识的发展过程中。因此，小学生健康人格的塑造自始至终离不开自尊心的培养。

（三）小学生自尊心的辅导

1. 建立正确的自我概念

帮助小学生树立正确的自我概念，树立正确的自我意识，可以促进其自尊水平的提高。教师应正确地评价小学生，并且帮助他们正确地进行自我评价。在小学阶段，自我体验还会表现出一定的易变性和受暗示性，小学生的自尊易受到外界环境的直接影响。小学生的自尊是在与周围形形色色的人的接触过程中，注意他人对自己的态度，想象别人对自己的评价，并以此为素材，把它作为一个客观标准而内化到自己的心理结构中所形成的。因此，教师、家长等成人的评价与人生观、价值观等对小学生自尊的形成有着潜移默化的影响。例如，有的教师和家长特别热衷于防止孩子骄傲自满，他们认为骄傲自满不仅令人讨厌，而且有可能导致更严重的问题。于是总是给予孩子过低的评价，在孩子取得进步、获得成功的时候，他们即使满心欢喜，也不愿意在孩子面前表现出来，而是淡然处之，甚至表现得不屑一顾，告诉孩子"这没什么了不起""人人都行"等。这样，虽然孩子很少骄傲自满，但他们的自尊也不会很高。在孩子长大成人后，他们甚至觉得自己没有什么吸引人之处，也很少有成就感。相反，给孩子过高的评价容易使其养成自大、自负的性格，孩子自负的评价又必然与别人对他的评价发生矛盾，因而遭到同伴的反对，引起与同伴的冲突，也会导致严重的情感创伤与不良行为。

作为教育者不仅要客观地评价小学生的表现，还应该引导小学生以正确的态度进行自我评价，给他们情感支持和社会支持。如在孩子积极主动做完家务之后，家长不仅仅只是表扬他，给他成就感，也要鼓励他今后更多地锻炼生活自理能力，并且要让孩子知道他有责任分担家务。此外，家长还可以通过创设良好的环境氛围，使孩子对自己形成一个良好的印象，正确地认识自己、控制自己的行为，从小就形成一个比较理想化的自我，从而客观地认识自我和评价自我，接纳自我。

2. 把尊重小学生和严格要求相结合

维持小学生的自尊心，教师和家长都应做到在尊重小学生的需要，关爱、信任小学生的同时也要宽严相济。小学生学会严格要求自己、遵守规则是获取他人尊重的前提。教师和家长也要掌握好教育的尺度。

教师如果过于注重严格要求而忽略尊重小学生自我发展的要求，会因教育方法不当而伤害小学生的自尊心。例如，有些教师在批评学生时，不就事论事，往往控制不住自己的情绪，说一些"真笨""没有用""总是拖班级的后腿"等一些打击小学生自信与自尊心的话。相反，一些父母可能会过于溺爱孩子，满足孩子的一切要求，可能是因为他们曾经经历过或憎恨童年遭受不愉快和体罚的现象，从而导致了他们过分地尊重自己的孩子，反而忘记要求孩子也尊重他们。结果这类孩子在成长过程中，处处以自我为中心，自尊心经受不住任何伤害。这也是当今社会中一些孩子举止不端，只讲索取，不知付出的原因之一。因此，真正维护与培养小学生的自尊心就必须做到爱与严格要求相结合。

3. 帮助小学生树立自尊的信念，让小学生感觉自己很重要

教师对每个学生的信任与重视，也同样可为小学生自尊心的形成增添无穷的力量。要让小学生觉得自己很重要，教师可采用两种方法：第一，将学生的名字常挂在嘴边。清晰地记住学生的名字以便在适当的时候脱口而出，这是使小学生觉得他们很重要的最简单而且有效的方法。这一方法不仅可以使小学生感觉受到尊重，还能促进师生关系的发展。第二，能够让小学生做的事尽量让他们自己做。虽然小学生在重大问题决策过程中发挥的作用并不大，可是让他们参与决策，特别是在与他们的利益相关的事情上与他们商量，会使他们产生一种积极的归属感与主人翁的责任感。责任感的形成不仅有利于他们自尊心的形成，也有利于使他们更加明确地看到自己在集体中所处的位置，更加珍惜自己的辛勤劳动与取得的学习成绩等，从而产生成就感。

4. 避免伤害小学生自尊心的行为和言语

成年人在教育孩子的过程中应当注意：第一，不要嘲弄孩子。嘲弄或伤害孩子自尊，可能是希望孩子改进，但是孩子很容易感觉羞愧。第二，重视与孩子相处时的礼貌。命令、怒骂、责怪式的家庭语言，会使孩子感到成人对他的轻视，故而没有自我观念。如果成人常对孩子用"对不起""谢谢""不客气"等礼貌用语，易让孩子感受到成人对他的尊重。第三，注意接受孩子的观念。在与成人交流时，孩子很容易产生自我观念。而尝试接受各种观念是培养孩子自信的重要行为过程。成人只有赞同、接受孩子的观念，才能进一步引导他们提高意识水平。第四，减少孩子的难堪情绪。在他人面前说孩子的错误易使孩子有难堪情绪，而过多的难堪情绪易造成孩子两种个性心态：一是不去思考，我行我素；二是情感思维，羞愧难当。这两者都不是成人愿意看到的。所以，成人在纠正孩子错误行为时要留意孩子的难堪情绪。第五，肯定孩子的优点。"爸爸，明天我得早点去学校，

因为明天是我们小组做值日。""好的，早到、帮助集体做事，值得表扬，爸爸一定提前送你到学校。"第六，允许孩子失败。孩子做出行为尝试，难免会遭遇失败和挫折，在孩子失败时成人应该给他支持与爱护，让孩子真正体会到教师和父母是他最可靠的依赖。第七，不在孩子之间互相攀比。"你瞧瞧邻居家的小明，他的成绩就比你好！""你怎么就学不会，人家小莉一学就会了！"这些言语对孩子自尊心造成的伤害是很大的。

三、小学生自卑心理及辅导

（一）小学生自卑心理概述

自卑是指人们对自己的能力、心理品质做出偏低的评价。通常这种评价不符合自卑者本人的实际情况，自卑者常表现出缺乏自信、悲观失望、自忧自怜、烦恼苦闷等心理状态。自卑感强的小学生，处处感到自己不如别人，无所作为，没有勇气和自信去做力所能及的事情，对那些稍加努力就可以完成的任务，也往往轻易放弃。

自卑的个体在与他人进行比较后，觉得自己不如别人，因而表现出无能、软弱、精神不振等心理失衡状态。产生自卑心理的原因一般有以下几个方面：

1. 生理方面

一个人的相貌、身材、体重、肤色等，都可能导致自卑的产生。有些女生常因为自己长相不够漂亮，或身材矮小、肤色黝黑而感到苦恼、自卑；在男生中，因为身材不够高大、结实而感到自卑的也大有人在。至于那些有先天性生理缺陷的人，如聋、哑、盲、肢残者等，自卑的现象就更普遍了。

2. 性格方面

有自卑心理的小学生，性格比较内向，自尊心较强，自信心不够，容易因一时的失败而灰心丧气，甚至自暴自弃。有的小学生易烦躁、焦虑，无法静下心来学习、做事，当他们看到别的同学学习成绩好、组织能力强时，非常羡慕，希望自己也能那样，但性格与能力并不是一下子就能改变的，为此他们常常陷入烦恼、自卑中。

3. 成人评价方面

父母是孩子的第一任教师，而教师又是小学生心目中的权威，因此，父母与教师对孩子的评价都会对孩子产生巨大的影响。特别是成人贬抑性的评价，如"你是出窑的砖，定型了""脑瓜不开窍""灌了铅的""真是没用"等，都可能严重挫伤小学生的自尊心，使他产生自卑感。

4. 生活环境方面

有的小学生因为家庭经济条件差，觉得自己不如他人；有的小学生因自己家住在农村而从不谈论自己家庭的情况；有的小学生因为父母离异感到自卑；有的小学生则因为学习成绩不理想，或达不到父母的期望而自卑。

5. 个人承受能力方面

小学生承受能力方面是导致自卑产生的根本原因。小学生自控能力、自主学习、主动交往、承受困难和压力的能力有限，常在面对不如意和意愿未达到时而形成挫败感。失败和自卑，往往如影随形，互为因果。失败可以引起自卑，自卑又会增加失败。所以，经常遭受失败和挫折的小学生，自信心会日益消泯，而自卑感也日益严重。

6. 认知方面

主要是未能全面认识自己，对自我评价不客观。每个人都有理想的自我和实际的自我。实际的自我又有主观的自我和客观的自我。自己对自己的看法就是主观的自我认识，别人对自己的看法则是一种客观的自我认识。如果主观的自我认识远低于客观的自我认识，那么这个人就是缺乏自信，他们往往自我认识不足，过低估计自己。当某种能力与缺陷受到周围人的轻视、嘲笑或侮辱时，这种自卑感会大大加强，甚至以畸形的形式表现出来，如自杀等。

(二) 小学生自卑心理的影响

自卑心理一旦产生，就会渐渐地蔓延、扩散，从而导致错误的心理定势，引发出人际关系障碍和许多行为上的困扰，妨碍学习、生活和人际交往的正常进行。自卑带来的一系列消极影响。主要表现在以下方面：

1. 自卑心理是一种消极的心态和不良的心理品质

小学生一旦存在自卑心理，这种心理就会渐渐蔓延、扩散，影响其上进心、自尊心，使其变得胆小怯懦、不敢表现自己。不仅如此，自卑心理还会导致一种错误的心理定势，使小学生总是以一种消极的心态认识与评价客观世界和自己，如总是认为自己这也不行，那也不行；总是觉得周围所有的人都会嘲笑自己。例如，一个小学生由于自己牙齿长得难看，总觉得当他讲话的时候，每个人都在用蔑视的眼光看他，因此变得沉默寡言；有一个小学生，由于学习成绩不好，每次走进教室，都会感到全班同学在盯着他，以致他两腿发软，并因此厌恶上学。这些都是自卑带来的错误心理定势，使自卑者形成一种近乎病态的敏感。

2. 自卑心理会引发小学生人际关系障碍

一方面，有自卑心理的人会变得敏感多疑，总觉得别人在背后议论自己、讽刺自己，因此，常常会以一种消极或错误的防御形式来保护自己，独来独往，不敢与别人正常相处。另外，不善于自我表现和孤独地自我封闭，也会给别人造成不佳印象，从而出现人际交往障碍。另一方面，有自卑心理的人容易产生"晕轮效应"，即以偏概全、以点概面，只看到自己的不足，忽视自己的优点，以致形成消极自我评价的恶性循环。但在表面上，他们则经常靠贬低他人、排挤别人来减缓自己内心的压力，由此造成更为恶劣的人际关系。

3. 自卑心理会带来心理与行为上的困扰

自卑感强烈的小学生，心理脆弱，适应能力较差，经受不起挫折，适应环境和克服困难的能力差，性格抑郁、沉闷，遇事往往自愧无能、自叹不如，老是不相信自己的能力、知识经验和才干，办事或者胆怯畏惧、踟蹰不前，或者稍遇困难、挫折就打退堂鼓，缺乏毅力，甚至对那些本来稍加努力即可完成的任务，也往往认为无法做到而半途而废。

（三）小学生自卑心理的辅导

自卑心理的克服，是小学生心理健康教育的重要内容。那么，教师和家长可从哪些方面着手帮助小学生克服自卑心理呢？

1. 消除引起小学生自卑的外部刺激源

成人的贬抑性评价，是使孩子自卑的一个重要的外部刺激因素。因此，教师和家长注意不要轻率地评价孩子，尤其不要随意贬低他们的能力或品质，以免损害他们的自尊心和自信心，要多给孩子褒扬性的评价，即多给予表扬与鼓励。

2. 调整评价方式

调整评价方式，帮助孩子客观地认识自己。孩子对自身的思想、能力、水平等方面的认识，是自我调节与自我控制的基础。教师和家长要引导孩子对自己的长处进行实事求是的分析与评价，善于发现自己的长处，不要把别人看得十全十美，把自己看得一无是处，这样就减少了产生自卑的诱因。

3. 帮助小学生建立积极的自我暗示系统

教师和家长要教育小学生经常保持一种积极的心态，建立积极的暗示系统，在困难面前多做积极评价和自我鼓励的暗示，建立必胜的信念："我能行！""不信，做给你看！"恰到好处的自我暗示，就是在自己的心田上播种自信，消除自卑。

4. 引导小学生自我激励

引导小学生确立合理的目标，进行自我激励。教师和家长要使小学生懂得：不管做什么事，都不可操之过急，目标不可定得太大、太高，不然就容易遭受挫折。如果目标本身较大、较高，可分解为子目标，然后一步步去完成，这样就易于打胜仗，而每次的成功都是对自己的一种激励，这有利于提高自信心。

5. 培养小学生抗挫折的能力

培养抗挫折的能力，就是要培养小学生以宽容、豁达的态度对待挫折，进行正确的挫折归因，即正确分析造成挫折的原因。面对挫折，要冷静地分析原因，找出实际上起作用的因素，然后想办法去克服。有些小学生因自己身材矮小、长相不好或其他一些缺陷而陷入强烈的自卑之中，这时教师和家长可以帮助他们通过"补偿"的办法，取长补短，发挥自己的优势，或充实自己的内心来实现平衡。

6. 鼓励小学生参与交往活动

教师和家长要鼓励自卑的小学生积极参与交往活动。在与人交往的过程中，自卑的小学生的注意力会被他人所吸引，心理活动就不会局限于个人的小圈子，性格就会变得开朗。此外，通过与人交往，他们也能正确认识他人的长处和短处，并通过比较正确地认识自己，调整自我评价，学习他人的长处，减少自卑。

7. 强化个人的努力

克服自卑心理还要强化个人自身的努力。教师和家长要从小培养孩子相信自己的能力，对于贬抑性的评价不要盲目接受，要学会把贬抑性的评价化为自己向上的"动力"，看作对自己的鞭策和督促，这样能防止自卑的产生。

第三节 小学生的人际关系与辅导

一、小学生师生关系与辅导

学生与教师的关系是一种重要的人际关系，是师生之间在教育过程中所发生的直接交往和联系，是教师和学生通过相互影响和作用而形成和建立起来的一种特殊人际关系，是教师与学生之间以情感、认知和行为交往为主要表现形式的心理关系。与幼儿园教师相比，小学教师更为严格，既引导学生学习，掌握各方面科学知识与社会技能，又监督和评价学生的学业、品行。与中学教师相比，小学教师的关心和帮助更加具体和细致，也更具有权威性。心理学研究表明，良好的师生关系会促进小学生对学校的心理适应、积极自我概念的形成和学业成绩的提高。

（一）小学生师生关系的特点

1. 小学生对教师的态度

随着儿童年龄的增长，小学生对教师的态度会发生显著的变化。在小学低年级阶段，教师在学生的心目中是绝对的权威，学生对教师绝对信任、依赖、崇拜甚至是敬畏，因此对教师的要求无条件地服从。教师的影响力和感染力常常超过父母。几乎每一个儿童在刚刚跨进小学校门时都对教师充满了崇拜和敬畏，教师的要求甚至比家长的话更有权威。这种绝对服从的心理有助于他们很快地适应学校集体生活，有助于很快地学习和掌握学校生活的基本要求。随着年龄的增长，儿童认知上的独立性和评判能力也逐渐增长。

从 3 年级开始，儿童的道德判断进入可逆阶段，学生不再无条件地服从、信任教师了。他们对教师的态度开始发生变化，开始对教师做出评价，表达他们对教师的"喜欢"或"厌恶"，态度的倾向性越来越明显。有心理学研究就发现，小学生最喜欢的教师往往是讲课风趣幽默、喜欢体育运动、严格、耐心、公平公正、知识丰富、能为学生着想的教师。当然，小学生对教师的评价影响着他们对教师的行为反应，他们对自己喜欢的教师往往报以积极的反应，而对自己不喜欢的教师往往报以消极的反应。例如，同样是批评，如果来自于小学生所喜欢的教师，他们会感到愧疚、不安；如果来自于小学生不喜欢的教师，他们就会反感和不满。因此，教师与学生保持良好的人际关系，有助于其教育思想的有效实施。

2. 教师对小学生的期望

期望效应又称作"皮格马利翁效应""罗森塔尔效应"。心理学家罗森塔尔在一个实验中，对小学 1~6 年级学生进行智力测验，从中随机选取 20% 的学生，告诉这些学生的教师，他们是非常有发展潜力的，将来可能表现出不同寻常的智力水平。8 个月后，再次实施了智力测验。结果发现，那些随机挑选的所谓有发展前途的学生都有了出乎意料的进步，尤其是一、二年级更为明显。

期望效应在学校教育情境中指当学生获得教师的信任、赞美时，他便感觉获得了社会支持，从而增强了自我价值，变得自信、自尊，获得一种积极向上的动力，并尽力达到对方的期待，以避免对方失望，从而维持这种社会支持的连续性。

心理学研究表明，教师期望对小学生的成长具有广泛的影响，学生的学习能力、阅读能力和行为表现等都会不同程度地受到教师期望的影响。教师可能根据学生的性别、身体特征、社会经济地位、家庭状况、学业成绩、兴趣爱好等信息来对学生形成期望。一般而言，当教师对小学生有高期望时，就会对学生表现出更和蔼、更愉快、更友好的行为，比如点头、目光交流、提问更多、等待学生回答的时间更长，更经常地赞扬鼓励学生。反之，如果教师对小学生低期望时，可能更多表现为淡漠、忽视、提问少、留给学生的准备时间不充分，更多地批评和质疑学生。教师以不同行为方式来表现对学生的期望，进而表达出更多的信息：如认为高期望学生的失败是因为没有好好努力，而低期望学生的失败是由于缺乏能力。在实际的教育教学过程中，教师应该更多地向小学生表达自己良好的期望，尤其是对那些后进生更应该满腔热情，善于发现他们的闪光点，更多地采取积极鼓励的方式激励他们努力学习，不要轻易对学生下定论、"贴标签"。尤其是在小学阶段，教师的高期望使学生获得一种积极的社会支持，在行为表现中更加自信，容易促进学生更多良好行为和品德的形成及保持。

（二）小学生师生关系的教育与辅导

师生关系是每个人一生中都要经历的一段重要的社会关系，也是学校生活中存在的一种人际关系。心理学研究表明，小学生师生关系表现为三种类型：亲密型、冲突型和冷漠型。构建和谐的师生关系，必须重视师生之间的情感交流，努力克服目前师生之间普遍存在的情感障碍，变冲突型和冷漠型师生关系为亲密型师生关系。在小学生师生关系的教育与辅导方面，我们从以下几个方面入手：

1. 充分发挥教师在师生中的主导作用

（1）人格引导。前面提到随着小学生年龄的增长，进入到高年级后，小学生对教师的态度会发生很大的转变，不再一味地崇拜权威，而是有了自己的独立判断和态度倾向。因此要保持对小学生的吸引力，教师必须具有高度的涵养、丰富的学识、真诚的情感。只有这样，他才能像一团圣火，点燃学生的烈焰，用自身的人格去引导学生在健康的大道上迅速成长。教师的一言一行中渗透出的人格魅力，会潜移默化地影响学生的态度和行为表现。

（2）以情动情。教师要用自己的爱心去激发学生的爱心。师生之间的交谈、对话要由礼节型、信息型向坦诚型、开放型发展。特别是对困难生要给予特别的关爱，多用肯定的语言加以引导，形成情感共鸣。对于品德不良、行为不规范的学生，也要用爱心去打动他们，不区别对待，善于发现他们的"闪光点"。

（3）意见沟通。良好的师生关系建立在教师对学生的深刻认识和了解上，教师应善于通过多种渠道和方式了解学生对自己的工作以及班级、学校活动的意见看法，采纳合理的建议，求同存异。如：请学生给自己写评语，从学生这面镜子中来认识自我；设立意见箱，随时了解学生的心态；还可定期召开专题班会，共同探讨班务中的问题。

（4）情境创设。人际情境因素包括交往时间、场所、一定的交往规范和交往双方的心境。当学生最需要关注、理解和引导的时候，也就是师生心灵沟通的最佳时机。如：当学生遇到失败、遭受挫折、寻求帮助时，给予爱的温暖；当学生生活不宁时，给予亲切的关怀；在学生生日那天，写上一段情真意切的赠言，学生会铭记在心，不能忘怀。教师应该善于把握住这样的师生情感交流的契机，表达对学生的期望和关爱。

2. 教会学生如何与教师交往

（1）礼貌待师。指导学生学会尊重他人，尊重教师，尤其是在一些行为细节方面。如在进教师办公室时应喊"报告"或敲门，并等待允许才能进入。要有礼貌地与学校所有教师打招呼。可以通过角色扮演的方式，让学生换位思考，体验教师的辛苦和付出。

（2）注意场合。面对教师说话要看场合。如果有事到办公室找教师，应对所有在场的教师问好，说话的声音宜放低一些，以免影响其他教师的工作。谈完话后，要及时告辞，并把当时坐过的椅子放回原处，出门后把门轻轻带上。如果在课间三五一伙围坐着聊天时，见到教师过来，应暂停活动，主动向教师打招呼。如果在喧闹的公共场合，只需与挨得近的教师有礼貌地点点头，不必高声问好。如果教师讲课中出错了，要平静地把问题提出来，以事实为依据，阐明观点，或在课后单独与教师交谈。

（3）勿失分寸。学生在和蔼的教师面前，以不拘谨也勿放肆为佳。与熟悉的教师开句玩笑未尝不可，但应掌握分寸。即使受了天大的委屈，也不应在教师面前谈情况时仍不服气，甚至粗声大气地谩骂。

（4）实事求是。学生在学习上不能弄虚作假，应实事求是；就班级或某个同学的问题，向班主任反映或提供情况时更应如此。学生应把要反映的问题实事求是地介绍清楚，然后陈述自己对问题的见解、意见。教师找学生了解情况，学生要如实回答教师的提问，把所看到的、听到的说清楚，而不能带上个人的感情色彩，把事实故意夸大或缩小。

总而言之，在小学生人际关系教育与辅导方面，教师应该以尊重小学生的人格为前提、关心小学生的成长为基础、多与小学生情感沟通交流为关键，从而构建和谐的小学生师生关系。

二、小学生同伴关系与辅导

进入小学阶段，同伴关系成为影响儿童形成和发展个性、社会行为、价值观和态度，以及健康心理素质的一种主要的人际关系。进入小学之后，儿童同伴交往的范围、频率和深度都较幼儿阶段有了进一步的发展。进入小学，意味着他们有了更开阔的交往世界，有更多的时间在学校度过，接触的人和事物更加多样。在同一个班级里，有来自不同类型、社会经济地位家庭的儿童，个性特点、兴趣爱好等各不相同，他们更多地一起从事丰富多样的活动，同伴交往的机会更多、更复杂、更多样和深刻。随着年龄的增长，同伴关系对儿童的影响越来越大。

（一）小学生同伴关系的特点

小学生同伴关系的发展具有以下几个基本特点：交往范围上呈现由小到大的趋势；交往深度上呈现由浅入深的趋势；小学生在同伴中传递信息的能力增强；小学生更善于利用各种信息来决定自己对他人采取的行动；小学生更善于协调与其他儿童的交往活动；小学生开始形成同伴团体；在选择朋友方面，有了自己的倾向和标准。

1. 小学生同伴团体的发展

小学是开始建立同伴团体的时期，虽然同伴团体的形式不同，有的结构松散，有的组织不严，但有一般的特点：在一定规则的基础上进行相互交往；有较强的归属感；具有行为标准；具有共同努力目标。同伴团体对儿童的个性和社会化的发展具有重要的作用，表现在：（1）提供了与同龄伙伴交往的机会。在团体活动中，儿童的社交技能进一步扩展和提高，儿童学会处理复杂的人际关系，学会按照同伴团体的共同标准建立自己适宜的反应模式。（2）提供了形成和评价自我概念的机会。同伴的反应和同伴的接受或拒绝使儿童对自己有了更清楚的知识。

通常情况下，小学生同伴团体的形成是有一个过程的。在小学低年级阶段，往往是非正式的、松散的，通常是自发形成的，缺乏正式的规则，团体成员经常变换。进入到中高年级，同伴团体组织结构更加完善，同伴团体的影响日益显著。日本心理学家广田君美把小学生同伴团体形成和发展的过程划分为五个阶段：

①孤立期（一年级上半学期）：儿童之间还没有形成一定的团体，各自正在探索与谁交朋友。

②水平分化期（一至二年级）：由于空间的接近（如座位接近、上下学同路、在同一个小区等）儿童之间建立了一定的联系。

③垂直分化期（二至三年级）：儿童凭借学习水平和身体强弱，分化为居统治地位的儿童和处于被统治地位的儿童。

④部分团体形成期（三至五年级）：儿童之间分化成若干小团体，出现了小团体或班级的领袖人物，团体成员的团体意识加强了，并出现了制约成员行为的规范。

⑤集体合并期：小团体之间出现联合，形成了大团体，出现统领全年级的领袖人物，团体成员的团体意识进一步加强了，并出现了制约大团体成员的行为规范。

2. 小学生友谊的发展

小学生同伴关系发展的另一个重要特点就是建立友谊，但是他们对友谊的认识是逐步发展的：六七岁的儿童认为朋友就是一起玩耍的伙伴；9～11岁的儿童强调相互之间的情感交流和相互帮助，认为忠诚是友谊的重要特征，朋友关系是比较稳定的。友谊的亲密性、稳定性和选择性等随着儿童年龄的增长而不断发生变化。塞尔曼曾对儿童的友谊做过专门的研究，认为儿童友谊的发展有几个阶段。

第一阶段（3～7岁）：玩伴阶段，这一阶段的儿童还没有形成友谊的概念，只是短暂的游戏伙伴关系，并且还很不稳定，认为友谊就是在一起玩耍。

第二阶段（4～9岁）：单项帮助阶段，这一阶段的儿童要求朋友能够服从自己的愿望和要求。如果顺从自己就是朋友，否则就不是朋友，如"他不再是我的朋友了，因为他不肯和我一起走"。

第三阶段（6～12岁）：双向帮助但不能共患难的合作阶段，儿童对友谊的相互性有了一定的了解，但仍然具有明显的功利性特点。

第四阶段（9～15岁）：亲密的共享阶段，儿童发展了朋友的概念，认为朋友之间是可以相互分享的，友谊随时间的推移而逐渐形成和发展起来，朋友之间相互保持信任和忠诚、同甘共苦。他们开始从个性品质方面来描述朋友，认为自己与朋友的共同兴趣也是友谊的基础。儿童的友谊关系开始具有一定的稳定性。儿童出于共享和双方的利益而与他人建立友谊。在这种友谊关系中，朋友可以倾诉秘密，讨论制订计划，互相帮助解决问题。但这一时期的友谊具有强烈的排他性和独占性。

第五阶段（12岁开始）：友谊的最高阶段。随着年龄的增长，儿童对朋友的选择性开始逐渐增强，友谊持续的时间也比较长。

前面更多述及年龄对儿童同伴关系的影响，儿童的同伴关系还表现出性别特点。小学生倾向于选择同性同伴作为自己的朋友，这主要出于两个方面的原因：其一，同性别的小学生具有更多的共同兴趣和活动方式，便于合作和交流；其二，反映出小学生性别认同的作用。这样有助于小学生对自身性别的接受，逐渐形成符合社会期望、合乎行为规范的性别角色行为。在小学生异性交往方面，也有一些有意思的现象。有些男生特别是低年级的男生，常采用制造事端或恶作剧的方式与女生接触；而随着年龄的增长，男、女生交往会出现微妙的变化，如表现出拘谨、腼腆、故意漠不关心等。

（二）小学生同伴关系的教育与辅导

小学生在同伴交往过程中，难免会因为个性特征、兴趣爱好等差异而与交往的同伴产生问题，如自我中心、孤僻、社交恐惧、嫉妒等。这些人际关系问题我们会在本章第四节详细探讨。这里主要阐述小学生同伴关系的教育与辅导的基本策略。

1. 创造同伴交往机会，鼓励同伴交往行为

对于小学生，尤其是低年级的学生，家长应该增强促进孩子与同伴交往的意识，充分利用邻里、同事之间的来往或者把孩子带入到社会场所，给孩子提供与同伴交往的机会。教师要多组织集体性的学习活动或者课外协作活动。集体活动有利于学生的相互启发，共同提高，培养学生的参与意识、合作意识、责任意识、表现意识等。课外协作活动是培养儿童同伴交往的有效途径，如玩角色游戏，在玩游戏的过程中，与同伴互动、协作。

家长和教师应多鼓励儿童的同伴交往行为，给他们创造自由宽松的环境，不要轻易干涉、打断同伴的交往活动。也可根据儿童的兴趣爱好，鼓励儿童走出家庭和班级去结交新朋友。如小学生对绘画感兴趣，可以鼓励他们参加绘画兴趣小组。儿童在交往中遇到了困难，家长和教师也要给予他们充分的鼓励，树立交往的信心。

2. 社会交往训练

社会交往训练旨在通过预先设计好的方案的实施，帮助小学生掌握同伴交往所必需的知识和技能，从而改善其同伴关系。主要包括以下几个步骤。

（1）学习有关交往的原则和概念。教师要告诉学生正确地与人交往的原则，使用礼貌用语合理地表达自己的想法。例如：当儿童想和其他同伴一起玩一种游戏时，可以先用一个电影短片、故事或多媒体课件描述一个成功的经历以后，通过讨论帮助儿童确定故事中主人公的合理语言和行为："喂，你好！我的名字是某某，我想和你们一起玩可以吗?"

（2）行为练习。行为练习是通过练习使行为模式由内化转向外化的重要心理过程。如果学生能够顺利完成这个过程，标志着儿童已经学会相关的社会技能。教师可以给学生设计一些行为场景，在演练过程中进行一些指导，提高学生对示范行为模仿的质量。当儿童通过练习达到对新行为的熟练掌握后，才可能把这些新行为用于实际的人际互动中。

（3）行为迁移。一旦儿童能够独立地操作所示范的行为技能，教师就可以指导他们在不同的交往情境中练习使用这一技能。例如，在儿童能够独立地操作所示范的问候技能后，指导者就要指导儿童在学校遇到同学、老师或陌生人时练习使用问候他人的技能。

（4）积极强化。积极强化是指用奖赏引发成功的愉悦来激起儿童演练社会技能的内驱力。强化应当及时，儿童理想行为出现后要及时给予强化，并且在理想行为出现的初期阶段一定要坚持强化，有助于行为的保持。当新的技能牢固建立之后，应当把强化转移到更新的技能掌握过程中去。

3. 教育学生正确地认知人际关系

国外有学者提出人际认知问题解决方面的理论。他们认为儿童解决人际问题包括以下四个步骤：

（1）理解原因、弄清问题。（2）产生各种解决问题的办法。（3）预料各种办法的后果。（4）决定采用最佳办法。人际关系认知是通过向学生呈现社会认知的情境和问题，教育他们如何确认人际问题，如何对这些问题提出各种可供选择的解决办法，以及如何评价自己的行为后果。这种方法旨在通过学习解决人际问题的技能，让学生将来能更有效地处理所面临的人际交往难题，并让学生树立处理人际冲突的自信心，促使儿童的社会技能向现实生活中迁移。

4. 引导学生进行同伴调解

同伴调解是让学生自己试着解决同伴冲突问题。同伴调解比成人教育效果更好，因为同伴之间比成人更容易交流，协商的气氛比较融洽，大家可以积极主动地参与到问题的解决当中，寻找一种有效的解决办法。更重要的是，通过解决同伴冲突，学生自身了解了冲突产生的原因，掌握了解决冲突的办法，学会了如何更好地避免冲突发生、与人相处，但这种方法只适用于一般的冲突情景而不能用于恶性事件，而且同伴调解的目的不在于区分谁对谁错、是否真正解决了问题，关键在于学生在调解过程中掌握社会交往的技能。所以，同伴调解还需要教师适时地给予言语指导。

5. 教育学生应具备与人友好相处的品德

世界是丰富多彩的，人的个性也是丰富多彩的。因此，教师要教育和引导学生：学会欣赏和允许多样性，容忍别人的想法和自己的想法不一致；学会宽容、谅解，不要过分苛求；学会商量，懂得合作的道理；学会关心、帮助他人，愿意与人友好相处，对别人的困难给予同情；在生活中，让学生养成多从他人的观点、立场来考虑问题的习惯。此外，还要教会学生感谢他人，对曾经给予自己关心、帮助的人要有一颗感恩的心。好的品德是学生社会技能发展的重要前提和保证，因此学生应具备与人友好相处的品德。

三、亲子关系与辅导

亲子关系指的是儿童与父母之间的关系。亲子关系是个体人际关系中出现最早、持续时间最长的一种人际关系，与同伴关系和师生关系相比，它也更具稳定性。亲子关系主要通过家庭教养方式、家庭教养态度、家庭心理氛围等对儿童的人格特征、社会性发展和学业成绩产生影响。

（一）亲子关系的特点

进入小学之后，父母和儿童的关系也在发生着变化，主要有以下几个方面的表现。

1. 儿童与父母的交往时间发生变化。一方面，儿童与父母待在一起的时间明显减少；另一方面，父母关注儿童的时间也减少了。

2. 小学阶段，亲子关系所处理的问题的类型也发生了变化。学前期主要是发脾气、打架等问题；小学阶段的问题更加复杂，如学习问题、做家务问题、同伴交往问题、学校与家庭外活动的管理与控制问题。

3. 父母对儿童的控制力量也在发生变化。随着年龄增长，儿童越来越多地依靠自己做决策，父母的控制在减弱。

4. 到了小学高年级阶段，儿童对父母的依恋逐渐减弱，从情感、行为、观点上逐渐脱离父母，渴望摆脱父母的管束，父母的榜样作用开始弱化。但某些方面仍然需要依赖父母。父母此时如能采取比较民主的方式，则有利于形成良好的亲子关系，使儿童较好地适应此阶段亲子关系的变化，从而有助于今后的发展。

（二）亲子关系的教育与辅导

良好亲子关系的形成对小学生身心健康有着重要影响，我们侧重从交往技巧把握和交往技能习得两个方面进行教育和辅导。

1. 亲子交往的技巧

对父母来讲，爱的教育应把重点放在教养方式的改变上，特别是权威型转变为民主型，让孩子自己承担起责任来。为改善与孩子的交往，建议父母做到以下几点：

（1）父母应该是成熟的，要懂得不同发展期孩子的需要，特别是心理需要；

（2）父母对孩子的合理要求应有条件地、尽量地及时满足；

（3）尊重孩子的独立个性，但并不放弃指导；

（4）父母对孩子的活动表现出一定的兴趣，做孩子的玩伴、朋友，同时也尊重孩子的朋友；

（5）耐心地对待孩子的打扰和孩子提出的问题，听孩子把话说完；

（6）不拿孩子当出气筒，与孩子在一起的时候保持愉快的气氛；

（7）不对孩子提出过高的要求，不用成人的标准要求孩子；

（8）多说理，少责备，特别禁忌孩子真正知错时的责罚，批评孩子不要在大庭广众之下；

（9）不把物质上的给予看成父爱、母爱的唯一方式，要注重与孩子的情感交流，能经常与孩子在一起；

（10）父母不对的时候要承认自己的过错，不要强词夺理；

（11）鼓励孩子交好朋友；

（12）父母的教育要求要一致，不可"父亲扮红脸，母亲扮黑脸"。

对孩子来讲，爱的教育要把重点放在尊重父母、孝敬父母上。爱的真谛是爱的行动，只有甜言蜜语，并不是真正的爱。教师应教育学生学会设身处地地理解父母的爱意，体察父母的爱心，用实际行动表达对父母的爱，学会与父母分享幸福。因此，教师要教育学生做到以下几点：

（1）关心体贴父母。每天起床、外出、回家时，主动与父母打招呼；替忙碌中的父母泡一杯茶，替劳累了一天的父母捶捶背；用餐时，先请父母入座，为父母盛饭，饭后主动收拾碗筷等，把对父母的爱通过行动表达出来。

（2）尊重父母的教导。用谦恭的态度与父母交流，尊重他们的意见和教导。即使父母有时批评过严，自己受了委屈，也不能用顶嘴的方式反抗，更不应该翻脸出走，要学会心平气和地向父母解释。

（3）努力为父母分忧。要学会料理个人生活，自己的事情自己做，并努力承担一些家务活，千方百计地减轻父母的家务负担，努力为父母分忧。

教师在指导改善亲子关系的同时也进一步改善了师生关系，努力做学生的朋友和导师，从而增强了改善亲子关系的实效性。教师要做到以下几点：

（1）教师通过家访来指导亲子交往。在家访中，一是"看"，看看学生的学习小天地；二是"查"，检查学生在家庭中学习生活的情况；三是"听"，听听家长对孩子的意见，对学校教育的看法；四是"议"，议议如何解决亲子交往中存在的问题。教师在家访时要从正面反映学生在学校的学习情况，多听取家长对教育孩子的积极意见，要防止有问题就向家长告状。即使对关系已经出现裂痕的家长与子女，教师也要起缝合的针线和万能胶的作用。

（2）教师对亲子双方充分理解、尊重，耐心以真诚的情感与学生建立朋友式的师生关系，使其无论遇到什么困难、烦恼，都主动向教师倾诉，讨教解决问题的方法。

2. 利用多种渠道促进交往技能的形成

架通父母与孩子之间的心灵之桥，途径较多。教师可以利用以下活动来促进交往技能的形成。

（1）通过心理辅导活动课的开展，让学生把自己在与父母交往中的愉悦与困惑以口头或书面形式向教师倾诉，从而逐步提高与父母交往的技能。

（2）利用以"越过代沟""妈妈您好""尊重他人"等为主题的班队活动课，让学生谈谈各自感受到的"代沟"现象，帮助学生明辨其中的原因，形成正确地对待"代沟"的态度。

（3）组织"节令活动"（如在父亲节、母亲节、父母的生日等）为父母献爱心。

（4）组织向优秀学生学习的活动，畅谈父母的优秀品质，学习父母的宝贵经验，激发孝敬父母的情感，听从父母的正确教诲。也可以通过创设情境，让学生感受到母爱的无私、父爱的伟大。

四、小学生常见人际关系问题的教育与辅导

人际关系问题会对小学生的生活、学习产生严重影响，从而影响情感、认知、个性等的发展，导致一系列心理问题的出现。小学生常见的人际关系问题包括自我中心、孤僻、嫉妒、社交恐惧等。我们要针对不同问题的不同原因，采取有针对性、恰当、具体的方法帮助小学生克服人际关系问题。

（一）自我中心及其辅导策略

自我中心是一种只考虑自己的需要、感受和利益，不顾他人的需要和感受的不良个性。自我中心在很多小学生身上都有体现，严重阻碍人际交往正常进行。

1. 小学生自我中心的表现

小学生的自我中心主要表现为：不顾别人的感受，只顾自己的利益；为满足自己的需要，不惜牺牲他人的利益，甚至把痛苦强加给他人，而浑然不顾；与别人交谈时总是谈自己，以"我"开头，不愿听别人诉说；很少帮助别人，不愿意借东西给他人，见别人有好东西就想占为己有；总是考虑自己，思维方式、态度和行为都是从自我角度出发，不会站在别人角度考虑问题，等等。

2. 小学生自我中心的深层原因

自我中心并非小学生先天固有，尤其产生和发展的原因，具体分析有以下几点。

（1）当今小学生多为独生子女，在家里习惯了被父母亲人照顾和为所欲为，心目中只有自己的存在，并不想别人的存在，只对自己有利的事情感兴趣，不考虑他人的感受。

（2）家长自身的个性中就包含有自我中心的因素，潜移默化中就把这种特质传递给孩子。

（3）在幼儿教育阶段所保留下来的自我中心的痕迹，家长和教师没有及时有效地制止并给予恰当的引导，致使孩子越来越自我中心。

（4）生活领域狭隘，缺少朋友的交往，缺少对外界事物的关心，长期处于偏僻的教养环境中，只会导致孩子封闭在自我的小圈子里思维和行动。

（5）思维发展的不成熟，尤其是对于小学低年级学生，由于处于特定的年龄阶段，认知发展还不完善，需要成人有意识地培养和训练。

3. 对人际关系的影响

自我中心的学生总是喜欢控制环境，对他人不尊重，不给他人发表意见、表达需要的机会，令与他们交往的人感到不平等、不自由、不互惠，从而导致他人减少或结束与其的

交往，进而又引起其情绪和性格方面消极变化，产生更多的心理问题。

4. 辅导策略

针对小学生的自我中心问题，我们可以采用如下辅导策略。

（1）角色扮演法。经常组织学生进行角色扮演游戏，引导学生在游戏过程中深刻体验自我中心给他人带来的感受和伤害。教师可以让自我中心倾向的学生与另一假扮自我中心的学生交往，引导其谈谈游戏中的感受，并组织学生一起讨论自我中心的害处，从而改正自我中心的不良倾向。

（2）行为强化法。家长和教师要注意发现那些自我中心的学生的考虑他人感受和帮助他人的行为，哪怕微乎其微，也要给予及时的反馈和强化。在强化、期望和鼓励中，逐渐改变自我中心的个性。

（3）榜样树立法。小学生容易受到榜样的影响，尤其他们所喜欢和崇拜的对象。教师和家长平时多给孩子讲一些热心助人、关心他人的故事或看类似的影片，当然最重要的是成人言行的潜移默化。

（4）扩大视野法。丰富小学生的生活，让儿童多接触外面丰富多彩的世界；把个人的关注点由狭隘的自我转换到广阔的世界中去；指导学生在与外界的人、事物的接触中，逐步克服自我中心。

（二）孤僻及其辅导策略

孤僻也就是我们所说的不合群、不随和、与他人格格不入。

1. 孤僻具体表现

孤僻的学生大多性格内向，表现为：①敏感——害怕他人谈论他或不喜欢他；若父母经常指责，他就更加退缩，不敢与人接触，变得更加孤僻。②闷闷不乐——总感到不高兴，别人拒他们于门外，尽管渴望与人交往，但又始终走不出第一步。③缺乏社交经验——由于性格原因不愿与其他同伴接触交往，也就导致他们社交经验缺乏，缺乏社交技巧，这样进一步加强了孤僻的行为，导致恶性循环。

2. 小学生孤僻产生的深层原因

引起小学生孤僻的原因很多，具体分析有以下几点。

（1）幼年的创伤经历。研究表明父母离异和不当的家庭教育方式是威胁儿童心理健康的重要因素。儿童由于父母离异、过于严苛、粗暴的教育方式，使他们感受不到来自家庭的温暖，会变得胆怯、自卑、冷漠，不相信任何人，最终形成孤僻的个性。

（2）人际交往的挫折经历。在人际交往中受到过强烈挫折刺激的人，由于"一朝被蛇咬，十年怕井绳"的心理，往往不愿意和别人交往。

（3）与众不同。有些孤僻的小学生非常聪明，对事物的看法和认识有别于其他孩子；有的则相反，由于反应较慢，学习进度跟不上，能力较其他孩子差，这些都可能造成小学生的孤僻。

3. 小学生孤僻对人际关系的影响

孤僻的学生，一方面自己有意无意地隔离了与外界的交往；另一方面，他人对其避而远之，这两方面造成了人际适应问题的出现，并由此引发了一系列消极情绪，如自卑、孤独、抑郁等，进而影响其心理健康。

4. 辅导策略

一般，孤僻的学生内心较为脆弱、敏感，对他们的帮助应更耐心细致，我们从以下几个方面入手。

（1）认知疗法。采用认知疗法，端正这些学生的认识。一方面要使学生正确认识到孤僻的危害，让学生敞开心扉追求快乐的生活；另一方面知道其正确认识自我和他人。很多孤僻者都没有正确地认识自己。有的认为自己比别人强，只看到他人的弱点和不足；有的认为自己处处不如人，交往中怕被人讽刺、嘲笑、拒绝，从而将自己紧紧包裹起来。教师可以采用如下方法，来矫正他们的认识：①组织小组讨论法：孤僻有什么危害？我们应该怎样帮助孤僻的同学，让他们走进集体？②组织"每个人都是一颗耀眼的星"的主题班会活动，让学生寻找班里每位同学身上至少一个优点或值得夸奖的事，使自卑的学生认识到自己的优点，自傲的学生认识到自己也有不足之处，从而达到正确认识他人和自己的目的。

（2）优化个性。教师多组织一些集体活动，鼓励引导孤僻的孩子参与到其中，使其在活动中逐渐矫正认知上的偏差，摆脱孤僻，体验与人相处的快乐。可以通过安排一些体育活动如参加足球、拔河、篮球等集体项目的运动，既锻炼了身体，排解了不良情绪，又能更好地融入到集体中，学会人际交往的技能。另外还可以鼓励、支持孤僻的孩子在主动与他人交往的同时，亲身体验。

（3）改善家庭氛围。教师要与家长做好沟通，共同帮助孩子克服孤僻的个性。家长要营造一种轻松、愉悦的家庭氛围，使孩子体验到家庭的温暖；并有意给孩子提供一些交往的机会，对其一点点进步都要看在眼里，及时给予鼓励、赞赏。

（三）嫉妒及其辅导策略

心理学认为，嫉妒是一个人在个人欲望得不到满足而对造成这种现象的对象所产生的一种不服气、不愉快、怨恨的情绪体验。

1. 小学生嫉妒的表现

当前小学生中的嫉妒较多表现为说风凉话、打小报告、造谣中伤、挖苦讽刺、拖后腿、施绊子、攀比等。

2. 小学生嫉妒产生的深层原因

小学生的嫉妒心理的形成原因可能有如下因素：从小就无法采用容忍的方式来经历挫折；由父母、教师和同学的长期偏爱造成；由先天不足或后天表现不及别人而造成的自卑引起；由家长或教师的无意识比较造成；由家长或教师处理同伴关系不当造成；由抚养人或权威人物的冷落或疏远而引起；由玩具或其他东西的所有权的争夺而引起等。

3. 对人际关系的影响

（1）妨碍人际关系的和谐

嫉妒的人，必然在言行上有所表现，或耍态度，讽刺打击；或制造尴尬，疏远冷落；

或造谣中伤，诋毁对方。这些都会严重破坏与他人之间的人际关系，陷自己于孤立无援。

（2）妨碍正确认识自己和他人

人一旦被嫉妒的情绪所控制，对自己和他人的认知就会产生偏差，进而影响对他人和自己做出客观评价，从而导致嫉妒之火愈烧愈烈，伤及他人及自身。

4. 辅导策略

（1）端正认知观念

嫉妒心理主要是由于观念上的偏差或错误引起的，所以首先应帮助学生认识到嫉妒的危害，并将其控制在最低限度；其次应帮助学生树立合理、正确的竞争观念。最后，教师可以组织一些活动、游戏使学生认识和体验到嫉妒的危害，纠正其错误的竞争观念。

①角色扮演法。设置一个由嫉妒引发的冲突的情景，让学生来进行表演，使表演者在表演过程中能体验到被人嫉妒所带来的危害；要求学生仔细观看，表演结束后，让学生分组讨论：引起嫉妒的原因在哪里？嫉妒带来的坏处是什么？我们如何才能避免嫉妒？

②专题班会。教师可以在班里开展一些"同学进步我高兴""称赞别人是美德""赶走嫉妒心"等有助于学生克服嫉妒心理的心理素质辅导课，指导小学生树立合理、正确的人际交往的观念。

（2）创设良好的班集体心理环境

良好的集体心理环境，有助于消除嫉妒并防止嫉妒的发生。良好的心理环境应该是生动活泼、丰富多彩、充满友爱、积极向上的，是和谐、融洽、宽松、合作的。在这样的环境中，学生对学习、生活才能产生愉快、轻松的感受，对未来充满信心。

（3）消除诱发嫉妒的因素，增加避免嫉妒的积极因素

教师和家长对儿童要公平，不偏爱某个儿童；尊重儿童的所有权，不强迫儿童与他人共用自己的东西；鼓励儿童进行自我竞争，而不特别强调与他人竞争；家长和教师要加强和儿童的接触，消除儿童的不满、反抗和成见；鼓励和培养儿童的专长，引导他们通过正常的途径来获得个人的荣誉和信心；引导儿童关心自己和喜欢自己的同伴；教导儿童用事实说明自己也是受人欢迎和喜爱的。

（4）教给学生自我控制、自我调节的方法

缓解和消除嫉妒心理，下列方法可以指导学生采用。

①情绪宣泄法。找一个地方，大声宣泄出自己内心的愤懑不满，从而取得心理平衡，使嫉妒情绪缓解下来。

②升华法。发现自己哪一点不如他人，就将它转化为自己前进的动力，靠自己的努力去证明自己不比别人差，自己也同样可以做得出色。

③纵向比较法。不要总是去关注自己和他人相比怎么怎么样，更重要的是和自己比，看看自己与以前相比是否有进步，哪怕一点点进步也值得自己高兴，因为那是自己真正的进步。

④调换比较角度。不要总拿自己的缺点和别人的优点去比较，要适当地寻找自己的优点、长处来鼓励自己，消除对别人的嫉妒心理。

（四）社交恐惧及其辅导策略

社交恐惧是一种人际交往障碍，指人们在人交往过程中感到过分紧张、害怕和恐惧，因而尽量避免出席公众聚会、避免与他人打交道的现象。社交恐惧会严重影响学生的学习和生活，因为不能与他人进行正常交往，喜无人分享，悲无人分担，内心十分压抑、痛苦，精神压力大，情绪长期陷于紧张、低落状态，从而严重影响身心健康，对以后的成长也产生很大的消极影响。

社交恐惧症常常发生于少年期，所以在小学时期，对社交恐惧症进行及时矫正会收到更好的效果。

1. 小学生社交恐惧的表现

具有社交恐惧的学生常有这样的表现：害怕参加集体活动，甚至不愿意与人交往；害怕与人对视；不敢在公共场合讲话；一遇到陌生人就会出现恐惧紧张、焦虑不安、面红耳赤、手足无措等身心异常现象。

2. 小学生社交恐惧产生的深层原因

社交恐惧也不是生下来就有的，而是后天获得的。

（1）交往受挫。儿童如在交往过程中屡屡遭受失败、挫折，就会产生种种不愉快乃至痛苦的体验，久而久之就会陷入紧张、焦虑、恐惧的情绪状态中，并形成固定的心理结构。

（2）缺乏交往。有些儿童缺乏安全感，对自己或他人缺乏信心，害怕与他人交往。由于害怕交往，就失去很多交往机会，缺少练习的机会，就越不能很好地与人交往，越缺乏交往的正向反馈就越退缩，久而久之就可能形成社交恐惧。

（3）教育不当。家长或教师对儿童的过度惩罚，尤其是公开的斥责或羞辱，可能造成学生的退缩；家长或教师的偏见，使儿童误以为世界是一个由他人评判的场所，过度重视外界评价，从而使儿童变得更加敏感、逃避社交；父母本身就存在一定社交障碍的人，必然无形剥夺、限制儿童的社交机会，导致儿童社交退缩行为的发生。

3. 辅导策略

教师可以通过如下几个方面进行辅导和训练。

（1）环境创设法

教师联合家长给学生创设一个宽松、自由、愉悦的心理氛围。只有在这样的氛围中，学生的心理压力才会缓解，有助于治疗社交恐惧。

（2）深呼吸松弛法

在社交场合学生若是感到恐惧紧张时，可以指导学生做深呼吸放松运动：深深吸一口气，憋住，再缓缓吐出来。循环反复3～6次即可，同时心中默念"放——松"。

（3）联想放松法

紧张、恐惧时，可以想象一个自己最喜欢，感觉最舒适的情景，如蓝天白云、绿草茵茵、茫茫雪原等，直到心情放松为止。

（4）积极暗示法

紧张、恐惧时，多给自己一些积极的暗示，比如"没关系，我一定行""我一定能克服恐惧的"等，来给自己加油鼓励。

（5）系统脱敏疗法

这是治疗社交恐惧的一种常用的心理治疗方法。这种方法要求具有一定专业技术的人员来实施并且适用于高年级的学生。系统脱敏疗法一般有三个步骤：

①建立恐惧的等级层次，即将导致社交恐惧的场景按照引起学生紧张的程度由低到高依次排列出来。比如：和人打招呼（轻度恐惧）——在他人面前书写（中度恐惧）——当众讲演（重度恐惧）。

②放松训练。一般需要 6 ~ 10 次练习，方法可参看深呼吸松弛法和联想放松法，让学生全身达到完全放松的状态。

③分级脱敏训练。脱敏训练必须是在患者完全放松的状态下进行。一般包括 3 个步骤：放松训练、想象脱敏训练、实施适应训练。

（6）药物治疗

当社交恐惧比较严重时，以上方法效果不佳时，可结合一定的抗焦虑、恐惧的药物进行治疗。

第四节 小学生生活适应的教育与辅导

一、小学生生命与安全的教育和辅导

（一）生命教育与辅导

1. 生命教育的概念及内容

教育的灵魂是什么？是关注生命，尊重生命，促进生命的成长。那么什么是生命教育呢？1968 年美国的一位学者出版了《生命教育》一书，探讨必须关注人的生长发育与生命健康的教育真谛。近年来，日本、英国等国家竭力倡导生命教育，各种学术团体纷纷建立。而关于生命教育的问题教育界一直没有达成共识，有的学者认为：生命教育就是通过对中小学生进行生命的孕育、生命发展知识的教授，让他们对自己有一定的认识，对他人的生命抱珍惜和尊重的态度，并让学生在受教育的过程中，培养其对社会及他人，尤其是对残疾人的爱心，使中小学生在人格上获得全面发展。也有学者认为：生命教育是以生命为核心，以教育为手段，倡导认识生命、珍惜生命、尊重生命、爱护生命、享受生命、超越生命的一种提高生命质量、获得生命价值的教育活动。

一般认为生命教育有广义与狭义两种：狭义的生命教育指的是对生命本身的关注，包括个人与他人的生命，进而扩展到一切自然生命。广义的生命教育是一种全面的教育，它不仅包括对生命的关注，而且包括对生存能力的培养和对生命价值的提升。

综合以往学者们对生命教育的认识，我们认为生命教育即关于生命的教育，是通过一定的教育内容与教育方法，帮助学生认识生命、欣赏生命、尊重生命、珍惜生命，提高学生生存技能和生命质量的一种教育活动。生命教育应该贯穿于人的一生，是一种终身教育，尤其在小学生中生命教育显得特别重要。

2. 生命教育与辅导的途径与方法

（1）开设生命教育课程，注重多学科的渗透

这里的课程是指大课程，即包括外显形态的生命教育活动和课堂教学，也包括渗透在学科教学中的活动。生命教育是关于生命的教育，是对人这一复杂个体的认识，教育内容涉及学校各个学科领域，科学、品德与生活、品德与社会、体育等学科，是生命教育的显性课程。要在这些学科的教学中增强生命教育意识，挖掘显性和隐含的生命教育内容，分层次、分阶段，适时、适量、适度地对学生进行生动活泼的生命教育。语文、音乐、美术等学科也蕴含着丰富的生命教育内容，是生命教育的隐性课程。教师要结合教学内容，对学生进行认识生命、珍惜生命、尊重生命、热爱生命，提高生存技能和生命质量的教育活动。同时充分运用与学生密切相关的事例作为教学资源，利用多种手段和方法开展生命教育活动。

（2）实施分享与体验教学，开展专题生命教育

学校要充分利用各级各类小学生教育基地、公共文化设施开展生命教育活动，拓展学生的生活技能训练和体验。让学生们到动物园、植物园、自然博物馆、绿地和农村劳动中，去感受自然生态保护和休闲对促进个人身心健康的重要性；通过对与人生老病死有关场所的了解，引导学生理解生与死的意义，珍爱生活，关心他人；通过情景模拟、角色体验、实地训练、志愿服务等形式，培养学生在遇到突发灾难时的人道主义救助精神，等等。同时学校的班团队活动、节日纪念日活动、兴趣小组活动也可以结合学生现实需求，在了解学生需要的基础上，组织和安排生命教育活动，使学生在场景式生命教育活动过程中受到教育，感悟生命的价值。另外，还要注意开展专题的生命教育，充分利用青春期教育、心理教育、安全教育、健康教育、环境教育、禁毒和预防艾滋病教育、法治教育等专题教育形式，开展灵活、有效、多样的生命教育活动。真正做到从学生的兴趣、经验、社会热点问题或历史问题出发，结合区域、学校和学生的特点，力求将相关内容整合起来，形成校本课程。要注意符合小学生的身心特点，进行人与自然、人与家庭的启蒙教育，探究生命的可贵、生活的意义以及自我保护等内容。

（3）结合日常生活与管理，启发教师的生命关怀

学校应当建立一套行之有效的规章制度和评价机制，鼓励全校师生员工参与生命教育，通过发动和组织师生参与集体行动，确定需求，动员各种资源，争取外力协助，有计划、有步骤的组织实施关于生命主题的活动，增进对生命的认识，培养尊重生命、热爱生命的情感，以及实践生命意义与价值的行动。特别是教师，教师作为学校的重要组成部分，是学生成长过程中的重要他人，是学生模仿的榜样也是自我意识形成的重要来源之一。所以如果教师不以关怀学生生命的态度对待学生，给学生树立榜样，而是对学生进行言语的攻击、身心惩罚，就会引发学生消极的心理体验，使学校一切生命教育全部都化为形式上的空无一物的外壳。在学校教育中，教师必须以真诚、理解、接纳的态度面对学

生，这本身就已经成为促进生命成长的因素。

（二）安全教育与辅导

1. 安全教育的概念及内容

安全是指人的身心和与人类生产、生活及社会发展密切相关的物质存在免受外界因素影响的存在状态和保障条件。一方面安全是指人本身的身体和心理在外界条件（环境因素）的作用下所处的一种存在状态；另一方面，安全是指人的身心处于健康、舒适和高效能动状态的客观保障条件或物质的或与物质相联系的保障因素。安全教育是教育的一部分，符合教育的基本特征。安全教育是指教育者通过各种手段有目的、有计划、有组织地对受教育者施加影响，使其身心和与人类生产、生活及社会发展密切相关的物质存在免受外界因素影响的保障条件。

学生安全教育的主要内容如下：

（1）法治教育。加强法律、法规和有关规定的教育，如《刑法》《集会游行示威法》《国家安全法》《消防法》《国防教育法》《道路交通安全法》《治安管理处罚法》《学生伤害事故处理办法》《普通高等学校学生管理规定》等法律法规的教育。

（2）纪律教育。加强学生行为规范教育和学院规章制度教育，如《学生违纪处分规定》《学生安全稳定教育和管理规定》《学生违反考场纪律处分规定》等方面的教育。

（3）上级关于加强安全工作的文件和通知精神教育。认真落实上级关于加强学生安全工作的各项要求，将上级关于学生安全的具体规定传达到每一名学生。

（4）防洪、防火、防毒、防病、防事故等方面的知识、技能、制度和案例教育。具体包括防止火灾、防止盗窃、防止被骗、防止抢劫、防止敲诈勒索、防止性侵害、同学之间的纠纷处理、违反校规的突发事件处理、受伤急救、食品卫生安全、传染病常识及预防、气象灾害的防护、用电安全、交通与车辆安全、水上安全与预防措施、实验实训安全、公共活动安全、网络安全、宗教活动安全、国家安全、防身自卫技术等方面的安全知识、安全技能、安全制度、安全操作规程和安全案例教育。

（5）稳定教育。切实防范境内外敌对势力、敌对分子、"法轮功"等邪教组织等通过互联网、宣传单等形式的渗透破坏活动，把防恶性反动宣传、防规模聚集、防极端事件作为重点，落实防范和应急处理措施。

（6）心理健康教育。注重心理疏导，加强思想政治工作，教育学生注意保持健康的心理状态，建立正确的生命价值观，帮助学生克服各种原因造成的心理障碍，学会处理人际关系，正确对待挫折，把事故消除在萌芽状态。

2. 安全教育与辅导的途径与方法

（1）建立健全学生安全工作制度，促进学生安全工作的制度化、规范化

建立健全安全值班、安全工作规范、安全教育、安全信息通报、安全检查和安全警报、安全隐患限期整改、安全责任制和责任追究制、重大活动申报审查审批、重大事故报告、突发事件应对预案和预案启动机制等制度；建立健全学生公寓安全、大型活动场所安全、大型活动安全、学生集会安全、实习实训安全、饮食卫生安全、学生心理危机预警等制度。

（2）完善安全设施，强化安全检查，采取具体措施，克服安全隐患

加强对学生学习、生活场所用电线路的检查和改造，及时更换过期的灭火器，设置安全标志。各部门、各系部坚持定期全面检查、不定期抽查和随时检查相结合，对发现的安全隐患及时整改，对违反安全规定的现象及时进行处理。

（3）采取多种形式和途径，开展丰富多彩的学生安全教育活动

①将学生安全教育列入教学计划

根据学校实际情况，学生安全教育可采取班会、讲座、报告会、参观、演练、知识竞赛、观看教育片、案例分析等多种形式进行，由各系辅导员、班主任具体负责，也可请司法、卫生等部门人员讲授。讲课教师事前要有讲课提纲，加强教学管理，保证教学效果。积极探讨富有实效的多样化教育形式和系列教育内容，积极编写学生安全知识读本。

②充分发挥各种媒体的宣传作用

充分发挥校园广播、网站、院报、宣传栏、电影放映等宣传媒体的作用，开辟专栏，定期开展安全教育。

③通过会议等多种渠道加强安全教育

及时召开会议，传达上级关于加强安全工作的文件、通知和要求，落实具体措施，提高师生对安全工作的认识和责任心。通过散发宣传资料、设置警示牌、知识竞赛、图片展、演讲比赛、征文比赛、消防演练等形式，开展形式多样的安全教育活动。鼓励学生积极参加学生集体平安保险，认真组织学生查体等活动。

④建立学校、社会、家庭立体安全教育网络

学校与社区、公安、消防、交通、法院、检察院、卫生、食品、用电、安全生产等部门开展安全共建。每年组织一次由社会有关方面专家和学生参加的学校安全工作座谈会，共同探讨提高学校安全工作水平的措施。定期聘请有关专家到学校上安全教育课或做报告，组织安全参观、演练等活动。积极开展共建平安大道、平安社区等活动，组织学生志愿者深入社区开展安全宣传活动。

⑤做耐心细致的学生思想教育工作和心理健康教育工作

加强学生的思想教育、心理指导和严格管理，积极开展丰富多彩的校园文化活动，重视解决学生实际问题，保证学生的思想和情绪稳定。各系部通过集会、班会、个别谈话等形式加强对学生的平时教育。辅导员、班主任重视通过多种形式，了解学生的思想、心理和生活状况，做耐心细致的思想引导、心理指导工作，帮助学生解决学习生活中的困难。重视加强与学生家长的联系和与学院周边单位的配合，做到齐抓共管。特别是，重点做好经济困难学生、心理问题学生、厌学和学习困难学生、违纪受处分学生、人生观消极学生、受挫折学生的帮助工作。

二、小学生生活自理能力的教育与辅导

（一）小学生生活自理能力的内容

自理能力包括三个方面内容：生活自理能力、学习自理能力、社交自理能力。本文所

讲的自理能力主要是生活自理能力，生活自理能力是指孩子在日常生活中照料自己生活的自我服务性劳动的能力。简单地说就是自我服务，自己照顾自己，它是一个人应该具备的最基本的生活技能。

小学生到底应该具备哪些自理能力？《小学生日常行为规范》第二条是这样写的"尊敬父母，关心父母身体健康，主动为家庭做力所能及的事"。第九条规定"衣着整洁，经常洗澡，勤剪指甲，勤洗头，早晚刷牙，饭前便后要洗手。自己能做的事自己做，衣物用品摆放整齐，学会收拾房间、洗衣服、洗餐具等家务劳动"。从《小学生日常行为规范》可以看出，小学生的自理能力主要是指：自我服务性劳动，家庭生活服务性劳动。自我服务性劳动包括：梳头，洗脸，洗脚，洗澡，穿衣、裤，系红领巾，剪指甲，整理书包，刨铅笔，包书皮，铺床单，叠被子，折衣物等；家庭生活服务性劳动主要包括：扫地，拖地，擦桌、椅、柜，洗衣，洗锅、碗、盆，择菜、切菜，削果皮，烧开水，煮面，煮小菜、汤等。

（二）小学生生活自理能力的培养

1. 针对年龄不同的学生，制定科学的培养计划

学校在构思学校工作计划、教学工作计划、后勤工作计划时，必须做到"胸中自有一盘棋"，必须遵循"生活管理重于教学管理，生活设计重于教学设计"的原则，并且针对不同年龄的学生，提出不同的要求，引导教师科学地制定具体的学生生活自理能力培养计划。班主任和任课教师制定教学工作计划时，必须将学生生活自理能力的培养工作融会贯通于教学工作的各个环节。生活教师在制定工作计划时，要在具体上下功夫，要对不同年龄的学生提出不同的要求，对不同个体也要提出不同的要求。

2. 生活管理、生活设计是实现培养学生生活自理能力的有效途径

生活教师既是学生生活的管理者、服务者，又是学生生活自理能力培养的合作伙伴。在农村寄宿制学校，生活教师大多数是年龄在40岁以上且责任心非常强的教师，他们过去担任教学工作，现在担任专职生活教师，工作性质发生了根本的变化，工作观念也相应地发生了许多变化。生活教师就是要管好学生的穿衣、睡觉、吃饭……并对这些活动进行科学设计，让他们充满童趣，被儿童所喜欢。例如，"吃饭"这件事可以这样设计："饭前一支歌，饭中定位置，饭后走一走"，这样的生活设计，既解决了学生就餐的问题，又加强了学生的养成教育，一举两得。再如，年龄小的女同学梳头困难，生活教师很难独立完成这项工作，采用"一帮一"的形式，让大同学帮助小同学，这样的生活设计既减轻了生活教师的工作负担，又培养了学生之间的团结互助精神，使每位学生在集体生活中得到锻炼。

3. 教给学生正确的生活自理方法

在生活中自理，在自理中生活，培养学生在生活中独立解决问题的能力，使学生获得如何生活、如何自理的方法，这是寄宿制教育的一个亮点，它克服了学生在家中"饭来张口，衣来伸手"的弊病。如何教给学生正确的生活自理方法呢？一是生活教师设计好专题生活讲座，把课堂教学的教学方法嫁接到生活知识的学习活动中，创造轻松、愉快的生活

教学情景，让学生用科学的方法去探索生活，解决生活中的实际问题，从而掌握一定的生活自理方法；二是班主任、任课教师经常给学生讲生活自理的方法，与生活教师互相配合，形成教育活力；三是指导学生自觉参加社会实践活动，在活动中掌握生活自理的方法。

4. 以点带面，突出重点，强化学生生活能力的培养

开始推行寄宿制教育时，生活教师感到最棘手的问题是学生不知道如何安排自己的生活，管理方面如同乱麻，理不清头绪。生活教师面对这样的问题，可以借鉴"分层教学法"：一是让学生安心住校，保证吃好、住好，做好寄宿生的思想工作，树立良好的社会形象；二是全面了解寄宿生的生活基本能力，开展"一帮一""结对子"活动；三是树立榜样，以一个寝室或一个班级作为突破口，搞好试点，然后将取得的经验广泛推广，引导全校学生借鉴、学习。

5. 拓宽培养形式，开展丰富多彩的竞赛活动

一是开展学生生活技能竞赛活动，开阔学生眼界，让所有学生在活动中丰富自己；二是开展文明寝室评比活动，生活教师制定文明寝室的评比方案，组织各班、各寝室认真学习，严格按照评比方案定期评出文明寝室；三是开展文明学生评比活动，让每位学生在评比中完善自己、提高自己；四是引导学生开展社会实践竞赛活动，让学生把自己在学校学习中得到的生活知识应用于实践，例如：

（1）自己能做的事情，放手让孩子去做，培养独立能力；

（2）寓教于乐，增强孩子的自理能力；

（3）适当地表扬和鼓励，增加孩子的自信心和勇气；

（4）引导孩子，养成良好的行为习惯；

（5）家长密切合作，提高孩子的自理能力。

三、小学生网络健康教育与辅导

（一）小学生网络健康教育与辅导的必要性

现代社会随着信息时代的到来，互联网已席卷全球并改变着人类传统的生产方式、工作方式、生活方式和思维方式。互联网不但在一定程度上综合了报纸、广播、电视等媒体的优点，而且由于价格低廉、信息量大、传播及时等特点，在帮助小学生认识社会、适应社会上起着积极的作用，如上网学习、娱乐、获取信息、沟通情感等。因此，上网已成为中小学生课余生活的新时尚。据中国互联网络信息中心2011年1月19日发布的《第27次中国互联网络发展状况统计报告》，截至2010年12月31日，我国网民规模达到4.57亿，在各年龄阶段中，10～19岁青少年人数占到总人数的27.3%。由此可见，我国青少年网民数量颇高，网络对小学生的影响就显得十分重要。

一方面，网络对健全小学生人格具有促进作用。网络活动的自主性、平等性适应了小学生内在发展的需求；网络交往的交互性为小学生搭建了开放自我的平台；网络的开放性为小学生提供了一个广阔的学习空间；网络世界的虚拟性实现了小学生现实生活的替代和迁移。

另一方面，网络也对小学生造成了消极的影响。由于小学生身心处于高速发展阶段，个性心理与人格结构尚未成熟；分辨是非、判断善恶的能力与成人还有很大差距；责任感和使命感不强，加之缺乏必要的自我控制能力，因而网络也给他们的心理健康发展带来一定的冲击。如网络最大的特点就是虚拟性和匿名性，在网络中人们只要愿意便可随意扮演各种身份角色，肆无忌惮地发表言论，并不用负任何责任，这对小学生的道德形成有重要影响。网络成瘾的学生还会造成学习成绩下降，睡眠和饮食不规律等。

由此可见，网络是一把双刃剑，在促进小学生心理成熟的同时，又会影响其心理健康的发展，因此，必须重视小学生的网络心理健康问题的研究，及时做好网络环境下小学生心理健康的教育引导工作。

（二）小学生网络成瘾及其成因

参照世界卫生组织定义，网络成瘾，又称网络成瘾综合症（Internet Addiction Disorder, IAD），是指由于重复地使用网络而导致的一种慢性或周期性的着迷状态，并且带来难以抗拒的再度使用欲望，同时对上网带来的快感一直有生理及心理依赖。也就是说，因为网络的许多特质带给使用者许多快感，同时又因很容易重复获得这些愉悦的体验，使用者便在享受这些快感时渐渐失去了时间感，一方面逐渐对网络产生依赖，另一方面导致沉迷和上瘾。

1. 网络成瘾的类型

（1）计算机游戏成瘾，指强迫性地沉溺于计算机游戏或编写程序。例如沉溺于网络游戏。

（2）网络关系成瘾，指沉溺于通过网上聊天结识朋友。例如沉溺于 QQ、MSN 等聊天工具。

（3）信息收集成瘾，指强迫性地浏览网页以查找和收集信息。例如无法控制地想打开网页而想获取更多消息。

（4）网络强迫行为，指以一种难以抵抗的冲动，着迷于在线赌博、网上贸易或者拍卖、购物。例如过分使用淘宝、拍拍、当当等网上购物场所。

（5）网络性成瘾，指沉迷于成人话题的聊天室和网络色情文学。例如沉迷于浏览黄色网站。

2. 网络成瘾的判断标准

2005 年 11 月，中国青少年网络协会发布《中国青少年网瘾数据报告（2005）》，这是中国首次正式发布的有关青少年网瘾问题的调查报告。报告参照国际相关标准，结合中国国情，听取多方面意见制定如下网瘾评判标准：网瘾评判标准的前提（必要条件）：上网给青少年的学习、工作和现实中的人际交往带来不良影响。在这一前提下，只要网民满足以下三个条件（补充条件）中的任何一个：

（1）总是想着去上网。

（2）每当因特网的线路被掐断或由于其他原因不能上网时会感到烦躁不安、情绪低落或无所适从。

（3）觉得在网上比在现实生活中更快乐或更能实现自我，即可判定为"网瘾"。

3. 网络成瘾的阶段

（1）初起阶段

小学生被网络的内容所吸引，将注意力转向了上网这种行为，上网的目的为了娱乐或放松心情，缓解现实生活压力；随着上网次数的增加，开始在网络上增加停留的时间，不能随时停止上网，心理出现依赖；为了摆脱现实压力，主动寻求放松机会，出现逃学等现象。

（2）成瘾阶段

小学生的正常生活被打乱，他们上网的内容开始无意识地迸发出来，影响到正常的学习生活；行为不受大脑支配，有无意识行为的表现；网络生活占据了主要课余时间，沉迷网络现象明显。

（3）严重网瘾阶段

小学生开始出现行为失控现象，因为上网与父母发生严重冲突，情绪激动；对现实生活没有信心，虚拟世界成为减压的唯一途径，为了上网开始厌学，甚至为了上网牺牲睡眠；为了满足上网的需要，或是受到网络毒害而走上犯罪道路。

（三）小学生网络成瘾的预防与干预

1. 网络成瘾的心理干预

认知干预是美国心理学家贝克（A. Beck）创立的一种心理治疗方法。是根据认知过程，影响情感和行为的理论假设，通过认知和行为技术来改变患者的不良认知的一类心理治疗方法。该疗法的基本观点是：认知过程及其导致的错误观念是行为和情感的中介，适应不良行为和情感与适应不良认知有关。认知疗法常采用认知重建、心理应付、问题解决等技术进行心理辅导和治疗，其中认知重建最为关键。对于网络成瘾的心理干预，很多学者认为认知行为疗法是有效的。最常使用的治疗策略包括网络应用的认知重组、行为联系和增加离线时间的暴露治疗等。这种疗法强调弄清楚患者上网的认知因素，让患者暴露在他们最敏感的刺激面前，挑战他们的不适应认知，逐步训练他们上网的正确思考方式而后行为。

行为治疗是以减轻或改善患者的症状或不良行为为目标的一类心理治疗技术的总称，具有针对性强、易操作、疗程短、见效快等特点。可以用来治疗网络成瘾的行为主义技术主要有强化法、厌恶疗法、替代法、行为契约法、想象法、放松训练等。行为疗法是较早应用于心理治疗与实践的方法，目前在我国的医疗系统中存在广泛应用。其前提是网络成瘾者与治疗者稳定信任的关系，否则有可能对接受治疗者产生身心伤害。行为主义最初以小白鼠、狗、猫、鸟类等动物为研究对象，相似的研究范式和基本思想也被应用于人类心理行为的研究，因此行为主义常因其忽略人的主观能动性和内在生成力量而广受诟病。

团体心理辅导是一种在团体情境下提供心理帮助与指导的咨询形式，对治疗小学生网络成瘾效果明显。其做法是将患有网络成瘾症的学生组合成一个团体由富有经验的老师作为指导者，运用团体动力理论作理论基础，综合运用团体咨询的原则和各种方法，达到使参加团队的成员整体戒除网瘾的目标。团体辅导所具有的特点决定其对网络依赖具有良好的干预效果。首先，团体成员之间的认同感对于团体成员在认知和行为上的改变有着巨大的支持作用。团体成员"能够认识到别人也有跟自己相同的问题，自己支持别人，也得到别人的支持，从而获得道义心，可以增进信心"。其次，团体咨询可以使网络成瘾的学生获得安全感。网络成瘾的学生因对自身的网络使用不当问题投入较多关注，而忽视自身其他方面的优势及能力，团体咨询可以使其注意到自己的能力，对团体其他成员的成长有所贡献，也可以增强自信心和安全感。最后，团体成员们共同签署的契约，对团体成员有强烈的约束作用，同伴之间既有支持又有监督。网络成瘾的学生在团体中做出改变不当行为的承诺后，会因团体的监督作用而努力维护自己的诺言，由此使行为的改变得到长期的坚持和巩固。

从家庭学的观点看，少年儿童的网络成瘾问题是整个家庭功能不良的表现，因此，有必要进行家庭干预。系统家庭治疗根据控制论、系统论和信息论的原理研究家庭内部的心理过程、行为沟通以及成员之间的互动关系，着重改变整个家庭的结构和家庭成员间的互动关系。系统家庭治疗的实施分为以下步骤。

（1）预备性谈话。在建立良好医患关系的基础上着重了解网络成瘾少年儿童的家庭背景、家庭关系，绘制家庭图谱，签订辅导协议。

（2）治疗性谈话。着重了解网络成瘾少年儿童形成网瘾的关键，明确家庭关系模式，寻找差异，探索解决途径，充分利用家庭自身资源，达到少年儿童自身的改变。

（3）布置作业。根据每次治疗的目标布置作业。了解家庭改变的动力和治疗师扰动的效果，为下一步治疗提供依据。

（4）后续访谈。检查上次作业，交流讨论各自的感受，发现家庭是否有新的变化，了解家庭进一步的希望，分析新的行为或问题，共同探讨，再布置作业。系统家庭治疗能够帮助网络成瘾少年儿童认识网络成瘾的危害性，通过治疗师的"扰动"改变他们的家庭模式，引导家长帮助网络成瘾青少年合理安排学习和上网时间，鼓励或陪伴他们进行适当的体育活动，多交往现实中的朋友，并给他们提供交友的便利和支持，促进网络成瘾少年儿童的心理成长与成熟。

2. 网络成瘾的预防

（1）小学生应提高对自我的认知能力

小学生只有通过客观、正确地认识自我，了解自己的优缺点，然后努力地去完善自我，才会对自己充满信心、对生活充满信心，才会接纳自己、包容自己。如果对自我的认识不够充分，对自己没有信心，那么便希望在网络中塑造一个虚拟的、完美的自我，以寻求在现实中得不到的满足。因此，小学生要充分认识自我，如此才不会迷恋网络中的虚拟自我。

（2）小学生要学会自我调整

小学生有许多的不适应，要学会自我调整来超越困扰，日常生活中要劳逸结合、张弛有度，可利用节假日或是双休日，和同学、家人到郊外度假，让自己自然地融于群体，融进大自然，缓释心理压力；还要提高自我调节意识，通过现实努力来实现自己的愿望，满足自己的心理需求，比如可以通过写诗、绘画和唱歌等文娱活动展现自己，表达自己的愿望。

（3）父母是改变小学生网络行为和网络意识最直接的影响者

许多研究者认为对小学生上网进行引导最好的办法便是父母和孩子一同上网，与孩子一起面对网络的冲击，提高孩子对网络信息的识别能力及应对能力，尽量使他们把注意转移到获取信息上。家长要勤与孩子沟通，要尽可能了解他们的真实想法，了解孩子的心理发展。此外，还要注意上网时间，专家认为小学生处于发育期，应严格控制上网时间，每天以不超过 2 小时为宜，并且上网必须在完成学习任务之后。

（4）教师要对小学生进行正确引导

教师要观察学生的思想、行为变化，要善于与学生进行情感交流，在与异性交往和性教育的问题上要从正面引导。小学生感情易冲动、多变化，思想不稳定，教师要引导学生，使他们了解网瘾的危害性和不现实性，帮助他们走出误区。

（5）学校应增强对网络行为的管理与指导

小学生自我控制能力较弱，使他们在网络匿名化的世界中易导致知行脱节，产生不道德的网上行为。针对此特点，学校网络教育在传授知识的同时，应增强对网络行为的管理与指导，逐步培养其良好的网络道德行为。学校的网络行为管理和指导需校纪校规配合、需校园网的积极示范与引导、同时也需要家庭教育力量的配合。学校要主动把社会对青少年学生的网络道德要求转化为必须遵守的校纪校规，对年龄偏低自控能力差的学生，限制其上网时间与上网地点，加以监督检查，及时查处违规行为，以此削弱小学生的网络迷恋，并遏止小学生不良网络行为的产生和蔓延。

（6）学校应对小学生开展心理健康教育

心理辅导工作的开展可以是点面结合的开展，点是指小到一个学生的指导，面可以是通过校广播、校报向全校学生进行指导，使他们提高对心理健康的认识，以减少他们对虚拟世界的迷恋，充分发挥学校心理辅导和咨询的作用，帮助他们摆脱对网络的依赖，开展网络心理辅导和心理咨询工作，形成文明、理性、高效用网的良好风气。

（7）学校应创建德育网站

德育网站的建设能为师生提供一个重要德育交流平台，也为学校网络教育工作的开展创造了重要条件，并提供了物质保障。建立学校德育网站和网页，可以开设"爱国主义教育""法治教育""心理健康教育""团队活动""主题班会""校园生活""校园论坛"等栏目，用学生周围发生的新闻吸引学生。总之，德育网站要放弃传统德育中"生、冷、硬"的面孔，用活泼的、新颖的形式，吸引人的内容主动"抓"学生，要能满足他们的生存和发展需要，为他们的成长成才提供帮助，这样才能使学生乐于访问德育网站。

四、小学生抗挫折教育与辅导

（一）小学生抗挫折教育及其内涵

挫折是在个体从事有目的的活动过程中，遇到障碍或干扰，致使个人动机不能实现、需要不能满足的情绪状态。

　　所谓抗挫折教育，就是指依据青少年身心发展的规律及国家社会对人才培养的要求，有意识地创设一定关于挫折的情境，让孩子受到艰难困苦的磨砺，经历挫折及失败的体验，以此培养对失败和挫折的承受力、克服困难的应变能力、坚韧不拔的意志力和奋发进取的精神。在挫折中得到磨练，这才是挫折教育的本质所在。

　　近些年来，少年儿童中心理失常、离家出走、轻生等一些不适应社会的行为时常见诸报端。问题少年的出现说明缺乏坚强意志、经受不了挫折是当今独生子女独有的现象，他们从小受长辈的宠爱，生活条件优越，成长道路上一帆风顺，加上新旧教育观念冲突调整阶段下教育方法的试验摸索的弊端，使他们的心理变得异常脆弱，经不起任何风浪。因此，我们必须开展挫折教育，培养孩子们良好的社会适应性和心理承受力，引导他们理解生命的价值以及生存的权利与义务，使他们做到不管遇到什么样的困难和挫折都不轻易地放弃。

（二）抗挫折教育与辅导的途径与方法

　　抗挫折教育要通过在教育活动中唤醒已有的挫折体验，然后使用恰当的方法引导学生用积极的行为反应应对挫折，授之以"渔"，使其在任何情境下都具备应对挫折的稳定能力。抗挫折教育最根本的目的就是培养学生自身应对挫折的能力。

　　1. 正确认识和理解挫折

　　生活中挫折无处不在。可以说，挫折伴随孩子成长的每一步。家长应利用生活中的一些自然情境，让孩子勇敢地面对生活中、学习中的困难，积极地克服困难，这才是真正有效的挫折教育。而对于挫折的理解，需要成人的启发，伴随着反复体验使他们认识到每个人的一生都不是一帆风顺的，总有大大小小的困难和挫折甚至危机相伴，而我们总是在遭遇这些挫折之后才成长起来。并让小学生逐步认识到挫折是客观存在的，具有普遍性。只有让学生在克服困难中正确认识和理解挫折，才能培养出他们不怕挫折、克服困难的勇气和信心。因此，培养和提高小学生对挫折的正确认识可以说是提高其挫折耐受力的关键。

　　2. 引导合理宣泄

　　挫折是令人讨厌的不愉快的体验，如果对挫折中的情绪不加以适当的处理，则会产生不良的后果。情感表达是人的本能，而冷漠的情绪反应使人处于压抑的状态中，则可能暗含了更多危害心理健康的因素。因此，教育者首先应该尊重学生的情感发泄，在一定的强度范围内要予以接纳和尊重，强行制止反而会带来进一步的情感挫折；其次应该引导学生找到合适自己的情感发泄方式；必要时，学校应该为学生提供可控的、合乎规范的情感发泄空间，如在心理咨询室安放充气娃娃等。组织对抗性比赛也是一种发泄攻击性情绪的手段，被弗洛伊德誉为发泄攻击本能的升华方式。

　　3. 进行归因训练

　　归因训练是指通过一定的训练程序，使个体掌握某种归因技能，形成比较积极的归因风格。归因训练的基本思想是，个体在对自己行为的因果知觉中，存在各种归因偏差，通过归因训练，个体可以获得各种形式的归因反馈信息，从而消除归因偏差，形成积极的情感和期望，是增强成就动机、矫正自卑心理、提高抗挫折能力、增进身心健康的重要途径和方法。

4. 培养自我监控能力

自我监控，是指学生为了达到预定的目标，将自己正在进行的学习活动作为意识的对象，不断对其进行积极的计划、监察、检查、评价、反馈、控制和调节的过程。董奇在他的研究中提出自我监控能力对人的发展具有三个重要价值。

（1）自我监控是贯穿在个体生理、心理发展过程中的一主线。

（2）它是个体由幼稚走向成熟、由依赖走向独立的重要标志。

（3）它还是个体自我发展和自我实现的基本前提和保证。

因此，只有当学生自我监控能力提高以后，才会在实践活动中客观认识、辩证的评价自己和目标，进而在挫折中或调整自己，或调整目标。

5. 培养挫折耐受力

所谓挫折耐受力是指当个体遇到挫折时，能积极自主地摆脱困境并使其心理和行为免于失常的能力。马斯洛说，挫折未必总是坏的，关键在于对待挫折的态度。对儿童来说，同样的挫折既可以使儿童产生消极的情绪，甚至心理障碍，也可以磨练他的意志使他奋发向上。处于道德认知发展中的他律阶段的儿童，其判断主要取决于其父母和教师的判断和理解。为此，家长和教师应排除对挫折的害怕心理，敢于让儿童面对形形色色的挫折，并鼓励儿童有意识地在挫折中磨练自己，提高其心理耐受力。在让儿童亲身经历挫折的同时，家长和教师还应适时地对儿童的良好行为进行肯定性评价，通过肯定性评价培养儿童的自信心是帮助他们战胜挫折、提高心理耐受力的重要环节。

思 考 题

1. 简述小学生学习障碍的表现以及矫正方法。
2. 简述小学生考试焦虑的表现及调适方法。
3. 小学生自我意识发展的特点有哪些？
4. 小学生生活适应的教育与辅导方法有哪些？

第五章　小学生心理健康教育活动设计

本章导读▶

1. 掌握家庭、学校和社区教育对小学生心理健康的影响。
2. 掌握小学生心理健康教育活动设计。
3. 掌握小学生心理健康教育活动课程实施。

为促进小学生心理健康，普及心理健康常识，配合学校心理健康教育开展，为小学生的健康成长营造积极向上的心理氛围，培养小学生良好的心理素质，坚持育人为本，促进小学生身心健康和谐全面发展。本章阐述了小学生心理健康教育的网络构建以及心理健康教育活动课程设计等内容。

第一节　家庭、学校、社区教育与小学生心理健康

一、家庭教育与小学生心理健康

家庭是孩子生长发育的温床，是塑造孩子情感、性格、意志，形成健康心理品质的重要场所。家庭的心理氛围、父母的育子观念、教养态度、自身素质对孩子心理健康的影响是最直接、最具体、最重要的。家庭中的心理健康教育是小学生健康成长的重要基础。《中小学心理健康教育指导纲要（2012年修订）》着重提到，"要密切联系家长共同实施心理健康教育。学校要帮助家长树立正确的教育观念，了解和掌握孩子成长的特点、规律以及心理健康教育的方法，加强亲子沟通，注重自身良好心理素质的养成，以积极健康和谐的家庭环境影响孩子"。

（一）家庭在小学生心理发展中的地位和作用

1. 父母教育对小学生心理健康影响重大

个体从出生开始，就处于"第一任老师"（父母）的影响之中，个性的形成、社会行为的获得以及在成长过程中的发展变化，都与个体在幼年时期接受的家庭教育影响有关。我国著名作家老舍幼儿时，父亲过世，母亲没有什么文化，靠给别人洗衣服维持一家人的生活。也许她对孩子讲不出一套套大道理，但这位母亲善良正直、吃苦耐劳的品行深深地感染了她的儿子。这种教育就像空气一样，充满这个家庭，也充盈了老舍的心灵。后来他深情地回忆自己的母亲："从私塾到小学，到中学，我经历过起码有百位教师吧，其中有给我很大影响的，也有毫无影响的，但是，我的真正教师，把性格传给我的，是我母亲。母亲不识字，她给的是生命的教育。"父母的良好人格和心理健康品质本身就是一种无形的教育力量，也是儿童个性发展和心理健康的重要条件。同时，小学生尚未走进社会，对家庭的依赖性很强，在他们的心理发展进程中依然接受着家庭的熏陶和影响。

2. 父母的言行对小学生成长起着表率作用

在家庭中，父母是孩子最早学习的榜样，其一言一行都在潜移默化地影响着孩子的心理，是一种最具影响力的教育手段。孩子与父母的心理不仅相似、相近而且相互影响。父母的表率作用与孩子许多心理特征的形成和发展息息相关，如对人对事的态度、人际交往的方式及情感体验等。

3. 家庭在儿童社会化过程中具有独特作用

家庭是一个有组织的社会系统，具有和其他社会系统不同的特征，在儿童社会化过程中具有独特的作用。一方面，家庭通过影响孩子的志趣、理想、抱负、职业选择，使他们在以后的社会生活中选择和充当一定的社会角色；另一方面，家庭又为孩子扮演多重社会角色提供了实践的舞台，在这个家庭小群体中孩子以不同身份与家庭成员组成不同的社会关系，这也为儿童日后在社会上充当复杂多样的角色积累了经验。

除以上几点外，家庭还能引导孩子掌握基本的生活技能，教导孩子形成良好的社会行为规范、道德情操等。总之，家庭在孩子心理发展的各个方面都起着重要作用。

（二）多家庭教育对小学生心理健康的影响

不同的家庭对子女的心理影响完全不同，只有充分了解家庭中诸因素对孩子心理健康的影响，才能更好地开展家庭教育工作。

1. 家庭环境对孩子心理健康的影响

（1）家庭结构对孩子心理健康的影响

家庭结构的完整与否是家庭环境中重要的因素之一。家庭结构是指家庭中的人员组成。家庭结构一般分为三种：几代同堂的联合家庭，只有父母与未婚子女的核心家庭，因父母一方离婚、死亡、出走、分居等原因形成的残缺家庭（不完全家庭）。调查显示，核心家庭，规模小，人口少，家庭成员关系简单，家庭心理气氛和谐、愉快，父母有较多的精力、财力和时间照顾、教育孩子，可为孩子的心理发展创造良好的物质精神条件，在孩子教育问题上意见较一致，孩子在家庭中有更多的机会与父母交往，家长的价值观、个性特点、思想文化和道德修养对孩子的心理发展有极大的影响。联合家庭（如"四二一"结构的家庭）则存在"隔代"影响的问题，教育不当容易引发"小皇帝效应"而导致孩子的心理问题。至于残缺家庭的孩子则更多表现出消极情绪，并易出现反社会行为，影响其学习、生活及社会性发展。

（2）家庭经济条件对孩子心理健康的影响

家庭经济状况、父母所处的经济地位、家庭消费水平以及经济稳定程度均对孩子心理健康具有一定的影响。研究表明，家庭生活状况良好、经济条件充足，孩子就会心情平和、稳定、情绪波动小。当然，优越的家庭经济状况也易促发孩子享受、攀比和不能吃苦耐劳、不能承受困境的心理产生。

（3）家庭人际关系对孩子心理健康的影响

家庭人际关系包括与孩子直接有关的人际关系。亲子关系建立在友爱的交往方式上，则父母与孩子相互信任和尊重，能使孩子产生良好的心境和旺盛的精力，有助于孩子自尊心、独立性的形成；亲子关系如形成命令式交往方式，父母用简单而粗暴的言语吓唬孩子，往往使孩子感到委屈和强烈的不满，降低孩子的生活活力，抑制孩子的情绪，易使孩子变得不坦率、凶狠、残暴、缺乏自尊和主动性、盲目服从，从而影响孩子心理健康及人格健全。

除亲子关系的影响外，祖父母和孙子女的关系也对孩子心理健康发展有一定的影响。由于孙子女和祖父母年龄差距较大，关系一般较融洽。当父母很忙时，这种关系不仅能给处于发展过程中的孩子的性格广泛的影响，而且能给祖父母晚年精神生活良好的刺激和满足。但有的祖父母听凭孙子女摆布，从而使孩子形成撒娇、爱哭、任性、胆小等不良性格。

此外，祖辈和父辈的关系也会对孩子产生影响。如果父母孝敬老人，老人关照子孙，家庭充满天伦之乐，教育孩子方面齐心合力，必能使孩子身心愉快、心理健康发展。反之，如果祖父辈有矛盾，孩子往往受到不一致甚至相反的教育。长此以往，孩子容易形成双重性格，形成残酷、冷漠、攻击等不良人格。

（4）家庭心理氛围对孩子心理健康的影响

家庭心理氛围首先影响孩子的情绪和情感。家庭中父母所创造的和谐的氛围，可使孩子身心放松，感受父母的关爱，从而进一步引发孩子对父母的热爱之情，并将其扩展到对他人，对美好生活的热爱和向往上。长期生活在良好家庭心理氛围中的孩子精神饱满，心情愉快，兴趣广泛，性格开朗，喜欢交际。反之，长期生活在不良家庭心理氛围中的孩子往往过度焦虑，心情压抑，自我封闭，思维不灵活，处事犹豫不决，甚至患有心理障碍。

2. 家庭教养方式对孩子心理健康的影响

家庭教养方式是家庭教育因素汇总的主导因素。家庭教养方式是指父母在抚养、教育孩子的活动中通常使用的方式和形式，是父母各种教养行为的特征概括，是一种具有相对稳定性的行为风格。家长的社会地位、经济条件、价值观念以及教育观念的差异决定了其教育方式的不同。

经过调查，目前我国家庭教育的主要教养方式表现为以下几种：

（1）达标式的教育

在一些家长心目中，孩子成才的规律是：知识＋智力＋分数＋文凭＝成才。为了达到成才的目的，家长主观地给孩子规定了分数指标、考试名次。达到标准予以奖励，未达到标准予以惩罚。有的孩子为了逃避惩罚而逃学，离家出走或走上轻生之路。而相当一部分孩子，在苦拼苦熬中，忍受着心理上的巨大压力而无法解除。

（2）溺爱式的教育

溺爱式的教育使孩子养成任性、依赖、专横、自私、妒忌、以自我为中心的不良性格。孩子脆弱的性格和情感，使之无法承受来自生活和学习以及人际交往方面的挫折。有的因一两次考试失利就全面否定自己，自暴自弃；有的因父母未能满足自己的欲望和要求，便以"不学了""不考了"来要挟父母；也有的当父母不在身边时，无法靠自己的能力处理突发事件。

（3）数落式的教育

孩子犯了一点儿错误家长就揪住不放，不论场合、地点，当面数落和斥责。有的父母拿别人孩子的优点与自己孩子的缺点相比，讽刺、贬低、挖苦孩子不争气。特别是在孩子表现不佳、成绩不良时，家长一股脑地向孩子发泄情绪，引起孩子强烈的反感和对抗情绪，有的孩子因此产生了"保护性抑制"，对父母的斥责置之不理、不为所动，双方由此形成了严重的对峙局面。

（4）专断式的教育

专断式父母在家庭中享有至高无上的权威，操纵着孩子的一切，视孩子为私有财产和附属品，对孩子的教育往往过分主观、武断，没有商量的余地。专断式父母忽视孩子的独立意识，无视孩子独立的要求和自我选择的需要，按他们的意愿强迫孩子绝对服从并接受他们的观点和要求，结果导致了孩子不良性格的形成和与父母对立、抵触情绪的产生。

在这种教养方式下，孩子表现出情绪不稳定、情感冷漠、惧怕困难、害怕惩罚，继而产生退缩、消沉、说谎等行为；对孩子过高的期望、过多的限制、过强的支配和命令，都会使孩子的自尊、自信、自爱和创新精神等许多宝贵的性格特征随之被毁掉，并逐渐形成粗暴、冷漠、敌意的性格，执拗、逃避和神经质的性格，依赖、怯懦和自卑的性格，或固执、刚愎自用的性格，阻碍了孩子独立自主性的发展。

（5）放任式的教育

采取放任式教育的父母以不干涉孩子为原则，家庭关系保持互不影响、随心所欲、"和平共处"的状态。

在放任式教养方式下成长起来的青少年，往往会形成我行我素、独来独往、自由散漫、情感冷漠、自控力差、意志薄弱、自以为是、任性、固执、孤僻、不合群、社会适应性差等不良的心理品质，在与他人、与家庭成员交往时，容易产生冲突，形成难以沟通的矛盾和隔阂，使其心理健康受到影响。

（6）民主式的教育

民主式的教育表现为，父母对孩子的活动在加以保护的同时，给予社会和文化的训练；对孩子活动的要求在给予满足的同时，在程序上加以限制或禁止。家庭的氛围是宽松、自由、开放的，孩子的兴趣、爱好、需要、选择等都能得到父母的理解、尊重和一定的支持。父母对孩子精心培养，爱而不惯、严而不苛、信任尊重、民主平等、循循善诱、启发诱导，充分发挥孩子学习的主动性、积极性。父母和孩子之间可以随时随地进行交流和沟通。当孩子犹豫彷徨或遇到困难和挫折时，可以从家庭的关怀和父母的抚爱中得到力量，唤起自信心和克服困难的勇气，有助于孩子形成稳定的情绪、丰富的情感、开朗的性格、坚强的意志、坚定的信心，形成与人和睦相处、对人友善、热诚的品格，以及不断进取的精神和积极乐观的人生态度。

3. 家长自身素质对孩子心理健康的影响

家长素质包括思想品德素质、文化素质、身体素质、心理素质及教育孩子的素质。其中家长的心理素质更为重要，家长的心理健康与否直接影响着孩子，因为家长自身若有心理问题，就不可能面对现实，正确处理家庭中发生的一切，也不利于孩子的健康成长。如有一位小学生的父母不和，父亲不是想办法解决、缓和矛盾，反而采取回避方法——不回家或者很少回家，双休日也在厂里加班干活儿。开始别人以为他工作积极、责任心强，但时间一长，才发现其中的问题。由于他逃避现实，他的儿子也向他"学习"，不愿回家或吃完饭到同学家玩，很晚才回来，结果成绩直线下降。所以，家长要客观地分析、认识自己，敢于向问题挑战，培养自身健康的心态，给孩子做出榜样。家长的情感、性格对孩子的影响最大。如果家长的人格是完善的、符合社会规范的，那么，他们就为孩子提供了理想的模仿对象，使孩子的性格在无意识中也达到完善，符合社会规范。父母的意志、兴趣、爱好等也通过潜移默化的方式影响孩子。

（三）改善家庭教育的对策

1. 构建和谐美满的家庭氛围

构建和谐美满的家庭氛围最重要的是让孩子拥有一个快乐、平和的内心世界，家长要做好孩子心灵的陶冶和净化工作，让孩子回到家里能无所顾忌地表达自己的感受、委屈、快乐、惊奇和悲痛，让孩子学会适度地宣泄和合理释放，使孩子从小形成良好的心境、乐观的态度和积极向上的人生观，有克服困难的勇气和自信，让孩子在失意和困难面前保持乐观的心态，引导孩子学会转换心境，学会自我防御，学会赞美自己，不惧怕摔倒和失败，让孩子知道父母和老师会陪伴他一起面对和战胜失意及挫折。

2. 运用科学的教育方式

教育孩子要严爱结合，爱而有度，不溺爱、不迁就。父母要着眼于未来，让孩子做些事、吃点苦，以培养其意志和毅力。父母对孩子的爱一方面要激发他们热爱生活的情感和克服困难的信心、勇气，另一方面要争取孩子对父母的爱，形成亲子间的交流、互动的家庭心理氛围。

严也要有度，做到严而有格。父母应从孩子的实际情况出发，提出简单明了的要求，让孩子"跳一跳，摘到桃子"；要严而不厉，说话不声色俱厉，不粗暴打骂，让孩子从感情上能够接受；要严中有宽，做到有张有弛，允许孩子重复犯错；要严中有理，使孩子明白"为什么这样做"和"应该怎样做"，使孩子形成正确的人生观、世界观、价值观。

父母应尊重孩子的个性差异，教育应该是"个性化教育"，不要轻易进行"对比教育"，如"别的孩子比你强""你真笨！"等，要敢于接纳孩子的缺点，允许孩子不完美、不出众；父母要学会赏识孩子、宽容孩子、倾听孩子，尊重孩子的不同和差异；允许孩子失误后保持沉默，保护自己的自尊而不是强行让孩子认错、表态或作检讨，尤其是对小学高年段"离乳心理"阶段的孩子更是如此。父母学会坐下来和孩子平视谈话，让孩子产生公平感，产生被关注、被重视的感觉。同时，父母对孩子的期望要适度，不攀比也不悲观，给孩子自信和力量，还要给孩子一个自己的小天地，允许孩子与同伴交往，注意对孩子的奖励、惩罚要合适，以奖励为主。

3. 形成良好的家庭人际关系

夫妻之间应互敬互爱、互学互助、互让互谅，坚持教育协调一致。

父母与孩子的关系既是亲子关系也是朋友关系。父母应循循善诱，作风民主，以公正合理的态度认识、评价孩子；实事求是，不冤枉委屈孩子；通情达理，对孩子的合理要求给予满足；保护孩子的自尊心，不讽刺挖苦。

在隔代人之间，第二代人起着承上启下的作用。因此，父母要经常与祖辈交换教育孩子的意见，也要教育孩子尊敬祖辈。

4. 家长要努力提高自身的素养

家长只有自己保持心理健康，才能给孩子施加积极的影响。因此，家长必须不断地进行心理自我调适。

（1）要保持自身良好的心态

①了解自我，经常反省自己的心理健康问题。家长是一个社会的人，面对社会生活矛盾、工作与生活压力、人际交往，也有可能产生一定的心理问题。每一个家长都要有自知之明，经常自省"我有什么心理问题？"，并通过各种途径予以调适，从而保持心理平衡。

②以"平常心"对待一切事物。平常心可以坦然面对一切矛盾，并把压力当动力；可以以平稳的心态为人处世，以诚待人，建立良好的人际关系；可以克服自己性格上或孤僻或粗暴的弱点，培养良好的个性；可以互敬互爱、同甘共苦，营造和谐的家庭氛围。

③不断提高自我修养水平。为了保持自身的心理健康，每一个家长在思想品德、知识学识、身体素质、个性品质、兴趣爱好等方面都要加强自我修养，要主动约束自己的言行举止，不在孩子面前无限制地玩手机和网络游戏等。这样，既能使自己在工作、学习和生活中保持良好的心态，又能对孩子施加积极的影响。

（2）掌握币斗学的教育方法

①不断学习教育学、心理学知识和生理卫生知识。父母要重视孩子的全面发展，不要任意给孩子的学习"加码"；要引导孩子正确地"学"与"玩"，并发挥家庭活动的优势，在节假日经常组织一些积极的家庭活动，以保持孩子良好的心态。父母还要加强对孩子的

青春期教育。家教方法要适应孩子身心发展和社会的发展，由被动转为主动，由消极变为积极，避免封闭、保守的做法。对孩子由生理原因而引发的心理问题，更要积极引导，从而促进孩子身心健康发展。

②父母要尊重孩子的选择和权利，不要包办一切。要尊重孩子的意愿，尊重孩子的意愿是尊重其人格的表现。不要把自己的意见强加给孩子，但也不能放任自流。父母要允许孩子有自己的想法、意愿和选择，但要因势利导；同时可以有意地给孩子创造一些冲突情境，让其独立去解决、处理，培养孩子分析、解决问题的能力。

③保持教育的一致性。家庭生活矛盾往往因教育孩子问题引起，它不仅会导致家长产生各种心理问题，反过来还会影响家庭教育的实施，同时影响着孩子的心理健康，因而营造和谐的家庭生活氛围尤为重要。在教育孩子时，夫妻之间以及父辈与祖辈之间的教育影响必须保持一致，夫妻之间及父辈与祖辈之间要经常交流孩子的情况与教育措施，形成家庭教育的合力。

④加强与学校教育的沟通与联系。父母应了解孩子在学校的表现，包括思想、学习、与同学的关系、参加的活动等，培养孩子亲近学校、亲近老师和同伴的情感，关注学校教育改革与发展，形成与学校教育的合力。这既有利于孩子的健康成长，也可以减少或避免与学校教育的矛盾尤其是心理矛盾的产生。

二、学校教育与小学生心理健康

《中小学心理健康教育指导纲要（2012年修订)》提出："学校应将心理健康教育始终贯穿于教育教学全过程。全体教师都应自觉地在各学科教学中遵循心理健康教育的规律，将适合学生特点的心理健康教育内容有机渗透到日常教育教学活动中。要注重发挥教师人格魅力和为人师表的作用，建立起民主、平等、相互尊重的师生关系。"

学校是培养人才的基地。学校通过有目的、有计划、有组织的教育，对学生心理施以积极的影响，这种影响占据了主导地位。儿童入学以后，学校成为小学生成长最主要的环境。心理健康状况与小学生在学校生活中的体验有着极为密切的关系。如果一名小学生在学校中体验的是紧张、压抑、沮丧，那么他必然容易出现焦虑、恐慌、烦躁、不安等心理问题，甚至是心理障碍或心理疾病。反之，如果小学生在学校心理状态良好，即使遇到心理问题也比较容易得到解决和减缓。因此学校教育对小学生心理健康的影响是极为重要的。学校对小学生心理健康的教育，主要是通过学校的育人环境、校园文化建设和教育教学以及小学生与教师、与同学之间的关系表现出来的，并将心理健康教育与班主任工作、班团队活动、校园文体活动、社会实践活动等有机结合，充分利用网络等现代信息技术手段，多种途径展开心理健康教育。

（一）学校环境对小学生心理健康的影响

1. 学校环境及其构成

（1）学校环境的含义

学校环境是指学生在学校的学习和生活以及交往的外部条件的总和，是在学校这一特色情境中对学生的个性发展、智力水平提高、身心健康成长具有重要影响作用的所有外部条件的总和。

（2）学校环境的特征

与其他环境相比，学校环境具有明显的教育特征，是一种重要的教育资源，其特征表现如下：

①教育价值性。学校环境的教育价值性是一项十分显著的特征。苏联著名教育家苏霍姆林斯基认为，环境中的各种因素都可能对孩子的心理世界产生潜移默化的影响。他指出："孩子在他周围——在学校走廊的墙壁上、在教室里、在活动室里、经常看到的一切，对于他精神面貌的形成具有重大的意义。"由此可见，学校环境的设计和布置对学生个性发展具有一定的教育价值及影响，也有利于学生的心理健康成长。

②全面渗透性。学校环境对学生的影响作用具有全面渗透的特点，这主要表现在以下两个方面：一是指学校环境的影响，尤其是各种隐性教育的影响无时不在、无处不在。不论是在课堂上，还是课余活动中，或是课间休息时，学校环境的影响是时时处处在发挥作用的。二是指环境影响的潜移默化性。环境对学生的影响作用不是通过有目的的说教或管束来进行的，而是通过多方面的心理影响来体现的。如良好习惯的养成、正确态度与观念的形成、积极情绪情感的培养等，都是在长期环境熏陶与气氛感染的过程中，耳濡目染、潜移默化，逐渐形成和实现的。

③个别差异性。学校环境的差异一方面表现在学校的外部环境即硬环境上，如一所学校的校容校貌等，物质环境会因学校发展历史、所在地区的文化背景、经济状况、气候条件等因素而表现出的差异；另一方面也表现在学校的发展目标、工作态度、精神面貌、舆论风气等软环境上，如学校因其领导者的教育理念、文化修养、性格特征、领导风格以及教职工队伍的素质、学校的发展历史及其已有的传统等方面的差异，使各个学校在软环境的建设上表现出各不相同的特点和特色。这些差异最终都会在学生个性的形成与发展中体现出来。

（3）学校环境的构成及其影响

学校环境主要是指学校的育人环境，构成育人环境的基本要素主要包括学校的物理环境、管理环境和心理环境。

①物理环境。物理环境是指构成学校教育设施的全部物质条件和时间与空间因素，包括校园、校舍、操场、设备、绿化、美化、教学设施的色彩设计、生均面积、作息时间，教室里的采光、空气、温度、湿度，是否有噪声干扰等。学校里的物理环境是否理想，对学生的身心健康有着直接的影响。有研究表明，好的设施环境可使用脑效率提高15%～35%，并可减缓和消除脑力疲劳。

②管理环境。管理环境是指学校管理体制、制度、机制的合理性和有效性，各项规章制度的完善、合理程度，以及有关规章制度落实和执行时的刚性与弹性等；此外，学校和班级领导者的管理方式与领导风格也是构成管理环境的重要组成部分。从开展心理健康教育的角度来看，完善、合理的规章制度，宽严相济、富有人文精神的管理模式，民主型的

领导风格，丰富多彩的活动安排和有效的心理支持系统等，都会对学生身心的健康发展起到促进作用。

③心理环境。心理环境是指学校中的组织气氛和心理氛围，包括教职工集体和学生集体内部以及师生间的人际关系状况，集体的凝聚力与士气，舆论和风气等。心理环境虽然是一种看不见、摸不着的无形影响因素，但是对学生健康成长与发展的作用却非常重要。

学校内的人际环境是学校心理环境最重要的组成部分。实践表明，在校内人际关系中，师生之间或同学之间如果能够做到互相尊重、交流充分、感情融洽、关系和谐，就能形成一种宽松和谐、互教互学的理想气氛；就能有效地促进学生个性的健全发展，并能在他们产生心理问题时提供有力的心理支持，起到精神保护和心理保健的作用。

学校心理环境中的校风或班风会对每个成员的心理与行为产生深刻而持久的影响。这种影响作用不仅可以通过集体目标的引导和各种正式规范发挥显性的影响作用，而且可以通过心理暗示、气氛感染、非正式规范的约束等方式，起到潜移默化的作用，使学生在不知不觉中受到深刻的影响与教育。

2. 学校环境的教育功能

世界卫生组织专家委员会在一份报告中曾指出：与人生命的其他时期相比，儿童时期的心理健康问题与周围环境有着更为直接的关系。学校环境对小学生心理健康发展所具有的重要促进功能主要表现在以下几个方面：

（1）态度形成

态度的形成是以正确认知与积极体验的结合为基础的。在此过程中，以人生观为核心的价值观系统以及高级社会性情感的形成始终是决定态度方向的关键因素。在这方面，学校环境中各种体现价值观的成分，都能够起到重要的作用。比如，在学校管理和日常教育教学活动中的发展目标、规章制度、行为准则、评价标准等，都会通过日积月累的影响，使小学生的价值体系和情感体验逐渐符合社会化的要求，从而形成符合社会主流文化的态度体系。

（2）情绪感染

学校环境中的人际关系和群体气氛会对小学生的情绪、情感产生深刻的影响与感染作用，尤其是教师的教学态度、情绪状态和评价倾向，班级中的舆论与风气，集体活动与校园文化氛围等因素，对小学生情绪、情感的发展会起到主导性的作用。在一个积极上进的学习环境中，小学生会产生热情、主动、积极、充满活力的感受；在良好的人际环境中，小学生真诚交往，愉悦生活，获得友爱、温馨、关怀与支持等积极的体验。相反，在一个消沉、散乱的学校环境里，小学生获得的是无助、沮丧、冷漠、焦虑和抑郁等消极的体验。

（3）习惯养成

学校环境中各种显性与隐性的教育影响，都可以对小学生良好行为习惯的养成起到重要的促进作用。显性的影响包括所有关于行为规范的规定和要求，如规章制度、学生守则、教师的严格要求等；隐性的影响包括良好风气的感染与优美环境的熏陶，人际交往中的互动影响与各种非正式规范的约束等。这些影响通过外部规范的约束和内部心理机制的同化作用，能够使小学生的行为方式逐渐变成习惯，变成稳定的行为模式，最终成为性格特征的一部分。

（4）人格塑造

学校环境的影响作用最终会表现在人格特征的各个方面，良好的学校环境有助于小学生形成热爱祖国、关心集体、团结友爱、乐于助人、文明礼貌、见义勇为、认真负责、勤奋刻苦、好学上进、兴趣广泛、勇于创新、自尊自信、自立自强等良好心理品质。这些良好心理品质最终都集中表现在由认知、情感和行为意向等因素所构成的稳定的态度体系和习惯化的行为方式两方面。这些方面的影响作用统合起来，就构成了人格特征的各个侧面。

（二）学校教育与教学对小学生心理健康的影响

随着基础教育的改革、新课程的实施，我国中小学教学内容、教学理念、教学方法不断得到更新和改进，教学成果日益显著。但是一些学校并没有全面落实教育部立德树人的基本要求，存在着重分数轻育人和应试教育与教学的现象，对小学生心理健康发展十分有害。具体表现为：

1. 应试教学管理方式对小学生心理健康的影响

目前，我国相当一部分小学仍然没有摆脱应试教育的模式，存在着明提素质教育，暗施应试教育的现象。学校在教学管理中仍然把考试成绩作为评价学校教学质量、教师教学水平、学生智力和能力、学校类别和位置的主要依据。这种管理方式，使学校仍然无法走出片面追求升学率的轨道，加重小学生课业负担，加重教师教学难度和教学压力的现象有增无减，势必影响小学生的身心健康。

2. 应试教育思想对小学生心理健康的影响

在一些小学中，仍然存在教学内容多、深、难的现象。有些教师的教学脱离小学生的实际，任意拔高，随意增加课时和课量，加深教学中的难度，讲课过程中压缩讲授内容，延长复习时间，使小学生在繁重的学习中失去了童趣。有些学生家长为了不让孩子"输在起跑线上"，加大校外学习的时数，让孩子参加并非有助于兴趣培养和学习思维能力提升的"补习班"，结果，占用了孩子大量休息时间。加上学校布置的学习任务，许多小学生处于学习疲劳状态，身心健康受到严重影响。

著名教育家于漪说："孩子应该有一个快乐的童年，如果童年快乐缺失，会终身遗憾。"现在的家长不管孩子年龄、特征，要他们"提前支付"精力，生怕"输在起跑线上"。人为提前，人为拔高，不符合孩子的成长规律，最可怕的是使他们想到学习就害怕、厌恶。

（三）教师对小学生心理健康的影响

教师作为学校教育实施的主体，其心理健康状态对小学生心理素质的培养、心理机能的提高、心理潜能的发挥以及身心的健康成长具有举足轻重的影响。

社会的高期望，家长的嘱咐和期待，行业的竞争，升学的指标，排榜的压力，新生代心理的复杂多变性，师生角色冲突，家庭关系紧张，情感失陷，应对名目繁多的竞赛、检查、评估、教改、"充电"、学历提升，成就欲望与挫折，职业紧迫感、倦怠感等都给教师带来众多甚至无法回避的职业心理压力，使教师的职业挂起"黄牌"。日复一日忙于教学的教师，在节日或长假过后，产生惧怕开学、上班紧张、工作焦虑、心里烦躁、晚上失眠乏力等"开学综合征"。

1. 教师心理状态对课堂心理气氛的影响

课堂心理气氛是指在课堂中教师与学生围绕教学工作而形成的精神环境和课堂气氛。教师的心理状态是课堂气氛的核心，直接影响到学生的心理状态，进而影响到教学效果。

教师心理状态对课堂心理气氛的影响主要表现为教师心境、教师情感与情绪等方面。

（1）教师的心境

心境是指比较平静而持久的情绪状态。当人们处于某种心境时，往往会以特定的情绪看待周围事物，从而影响人的行为。由于教师职业的特殊性和复杂性，有许多原因会造成教师心理状态不佳，进而形成不良的心境。教师一旦形成不良的心境，就会在课堂上反映出来，结果小学生在课堂上就会感到一种压力，思维的积极性会受到束缚。如有的教师精神萎靡不振，讲课无精打采，就会给小学生一种不好的印象。特别是有的教师在课堂上满腹牢骚、情绪低落并有训斥小学生的表现，这样会使课堂气氛紧张，会使小学生出现反感情绪、影响课堂师生互动效果。

（2）教师的情感与情绪

教师在教学活动中，不仅传授知识，还与小学生进行着情感交流。这种情感交流影响着认知活动和人际交往的进行。

第一，教师真挚、生动的情感会打动小学生，使小学生较易于接受教师的言行与所传递的信息；冷漠、缺乏感情、照本宣科则会大大降低小学生对其言行的接受程度，甚至引起小学生心理上的逆反和抵触。第二，教师与小学生彼此之间的情感状况会影响其相互接受。师生间感情融洽，小学生对教师的言行会以积极的态度去认可与接纳；师生间感情抵触，小学生对教师的言行会以消极的态度去反对与拒绝。

2. 教师期待对小学生心理健康的影响

教师的期待是指教师对每个学生的未来发展潜力的预测，这种预测会对学生的发展产生巨大的潜在影响。教师对不同学生有不同的期待，会促进学生产生不同程度的发展。

教师对小学生的期待及其影响是在师生互动过程中产生的，包括以下两个方面的内容：一是对学习潜力的推测，二是对品德发展的推测。教师对有些小学生在这两个方面抱有较高的期待，而对有些小学生则期待水平不高，甚至是消极的期待，如认为某个小学生"没有前途""不可救药"等。教师对抱有不同期待的小学生所表现出的行为有很大差异，如对高期待的小学生给予更多的关注。

教师的不同行为对小学生的影响是巨大的。这种影响首先表现在小学生的自信心上，如受到低期待的小学生会感到自己的能力低或品行不好，失去自信心。教师期待的影响会进一步表现在小学生的各种行为与学习成绩上，如受到低期待的小学生会放弃努力或继续表现出一些不良行为，导致学习成绩下降。教师期待的影响还表现在师生关系上，如受到低期待的小学生与教师的关系逐渐疏远。由此可见，受到教师高期待的小学生会得到充分的发展，而受到教师低期待的小学生则不能够充分发挥潜力。

为了充分发挥教师期待的积极影响，教师首先应该注意以下两点：第一，要认真了解每个小学生的特点，发现他们的长处，对每个小学生都要建立起积极的期待。第二，教师要不断反省自身的行为和态度，不要因为自己的不公正而延误了小学生的发展。教师应该了解教师期待的效果，并有意识地运用教师期待去教育小学生。马丁（Martin）曾在学校中进行了一个实验，他先向教师讲授了有关教师期待的心理学知识，然后让这些教师改变对差生的看法，形成积极的期待，并训练这些教师在课堂上如何积极地对待差生。这一研究的结果表明，教师的期待可以通过一些方法来改变，而这种改变会给学生带来较大的影响。

3. 教师人格对小学生心理健康的影响

教师人格是指教师应具备的优良的情感及意志结构、合理的心理结构、稳定的道德意识和个体内在的行为倾向性。教师人格是构成教师职业道德内在本质的精神力量。教师人格对小学生心理健康的影响是最根本、最核心的。

（1）教师人格对小学生心理健康具有最直接的教育作用

教师人格就像一面镜子，学生从中可以认识什么是真、善、美，什么是假、恶、丑，什么是高尚的，什么是卑劣的，什么应当做，什么不应当做。教师的言传身教，对学生最有说服力和感染力，可以有力地推动学生在人格塑造中由"知"向"行"转变。

（2）教师人格是塑造小学生人格的重要条件

大量的实践证明，教师健全的人格会对小学生产生巨大的影响。我国有许多优秀的山村教师，他们继承了我国伟大的人民教育家陶行知"做中学"和"人格教育"的思想，扎根山区，无私奉献，"捧着一颗心来，不带半根草去"，用魅力人格影响学生一生。

（3）教师人格对小学生健康人格的导向作用

小学生处于模仿能力强、自控能力弱的年龄阶段，他们往往把教师本身或教师所倡导的思想、行为、品质都当作可信赖的模仿对象。他们具有天然的"向师性"，教师的人格之光对小学生的影响深刻而久远，甚至影响终身。为此，教师必须注重言传身教，以人教人，率先垂范，做好小学生的人格楷模。

4. 教师心理压力对小学生心理健康的影响

教师作为人群中的高压力群体，所要面对的不只是繁重的教学工作，还要克服诸如学生人数激增、学生问题复杂、"升学"压力、社会及家长的期望与干涉等问题。同时，教师还有赡养老人、抚养和教育子女的家庭负担，或者年轻教师还有与异性朋友交往组成家庭等问题，因此，他们的工作压力很大、生活负担很重。但在社会转型时期，教师繁重的工作和超负荷的付出难以得到相应的回报，必要的物质需求与精神需求难以得到满足。长期处于这些压力下的教师，对自己的社会地位容易产生焦虑，有的感到心力交瘁，有的则不安心教育工作。

随着新课程改革的启动，社会对小学教师的专业水平、相关知识能力以及教师自身学历、学识都提出了更高的标准，势必给小学教师带来种种压力，使他们易产生焦躁、抑郁、低沉、消极、自卑、沮丧等不良心理。

5. 调整教师心理压力的对策

《中小学心理健康教育指导纲要（2012年修订）》提出，"采取切实可行的措施，减轻教师的精神紧张和心理压力""使他们学会心理调适，增强应对能力，有效地提高其心理健康水平和开展心理健康教育的能力"。

（1）提高教师自身的修养

首先，教师要剖析自我、了解自我，承认自己的不足与缺陷。教师应当经常自省，不仅要明了自己的身体健康状况，对心理健康状况更要有点"自我感觉"。其次，以"平常心"对待一切事物。平常心是一种平静而稳定的心态，它不会为一点挫折而灰心丧气，也不会为一点成功而沾沾自喜。最后，扬长避短，培养自己良好的个性。人的性格不同，在待人接物方面也会有不同的表现。要保持自己稳定的良好心态，就必须扬长避短，因为性格上的弱点往往是造成心理失衡的主要内部原因。

（2）培养兴趣与爱好

培养兴趣与爱好，陶冶情操不仅是教师的基本职业需要，同时也是教师自我调适、保持心理健康的重要前提。教师可以通过旅游、绘画、书法、唱歌、跳舞等，陶冶情操，培养愉悦的心境，合理释放不良情绪，保持健康的心态。

（3）建立良好的人际关系

人不能孤立地生活，在一个群体中或在社会交往中要与各种各样的人打交道，所以要善于接纳他人，以诚相待，遇事不仅要为自己考虑，也要为他人着想。因此，教师在工作和生活中应广交朋友，共同分享成就，分担忧虑。

（4）热爱教育工作，不断提高自己

培养人、教育人也是一项艰巨复杂的工作，需要教育者具有较高的素质。为了完成培养社会主义建设者和接班人的使命，教师需要不断地学习，不断提高自己的思想政治素质、专业知识水平、教育教学业务能力。

（5）期望适度，增强自信

期望是一种自我设定的目标。如果期望适度，采用耐心细致的说服教育，并对其作正确引导，久而久之，不仅小学生会从他自己的变化中获得成功感、增强自信，同时教师的自信心也会增强。教育好学生是教师的天职，乐在其中。同样，教师对于自己的成长也应有一个目标，但必须适度。期望过低，没有动力；期望过高而实现不了，自信心必然受挫。

（6）掌握应对压力的方法

①不要超出你能控制的范围；

②立即处理有压力的事件；

③灵活；

④自己不总是正确或完美的；

⑤自信；

⑥学会说"不"；

⑦容忍他人的看法；

⑧预期压力事件并做好准备；

⑨善于表达自己的感受；

⑩发展友谊，避免疏离，助人为乐，宽以待人；

⑪自我调节、学会自控技术和方法，防止激烈情绪发生。

（四）学校心理支持网络系统的建设

学校心理支持网络系统是学校心理健康教育与辅导的主要载体，是学校教育系统的重要补充。学校心理支持网络系统通过全体教职员工在日常教育教学活动以及其他促进学生德智体美劳发展的活动中发挥作用，它对小学生心理健康成长与发展有不可替代的作用。《全国社会心理服务体系建设试点工作方案》提出：各级各类学校要建立以专职心理健康教育教师为核心，以班主任和兼职教师为骨干，全体教职员工共同参与的心理健康教育工作机制。在日常教育教学活动中融入适合学生特点的心理健康教育内容。

1. 学校心理支持网络系统的含义

学校心理支持网络系统是指在学校中能够为学生提供心理诊断、心理辅导、心理咨询和行为矫治的一整套比较完善的管理制度和人力、物力等教育资源集合而成的网络服务系统。学生在学校生活的各个领域，以及在其成长发展的各个阶段，都可能遇到各种各样的困难与问题。当学生遇到问题时，学校应当为其提供及时、有效地指导和帮助，以使他们能够顺利地克服困难，完成全面发展的任务。这种指导和帮助，就是一种心理支持。在学校里能够为学生提供心理支持的方式和手段很多，比如由学校组织的面向全体学生的心理辅导专题讲座，在班级中开展的团体辅导活动、班团队活动，宣传心理卫生知识、报道心理健康教育活动及效果的墙报、板报、校报、专栏等，为有心理问题的学生开设的心理咨询室、咨询热线、咨询网站，能够提供心理辅导与咨询服务的专职或兼职心理辅导员和咨询人员等。此外，良好的师生关系与和谐的同伴关系也是重要的支持源。这些要素综合在一起，就构成了一个能在各个方面给学生提供支持服务和帮助的心理支持网络系统。

2. 学校心理支持网络系统的功能

（1）泄导功能

小学生因过大的压力和心理挫折而产生明显的消极情绪，需要将心中的烦恼、困惑向可以信赖的人倾诉，并得到他人的理解与支持。学校应能提供条件，让小学生有苦能言，并能一吐为快。这种泄导功能，正是学校心理支持网络系统的一项重要功能。

（2）调适功能

小学生在成长发展中，常常会为自我意识发展水平上的某些不完善而表现出自我调节水平上的局限性。比如在自我认知上的片面性、自我体验上的绝对化、自我监控上的盲目性等，都可能使其在思维方式、行为反应和人格特征等方面表现出某些缺陷，从而影响他们心理适应的水平。对这方面的问题，学校必须运用有关的心理学知识和方法，从他们自身的心理发展机制上进行指导，帮助他们发现自己的不足，激发其自我完善的愿望，调动自己内在的潜能，改变自己的现状，最终促进自身个性的健全发展。这种帮助学生自我改进、自我完善，最终使学生的心理适应水平得以不断提高的作用，就是学校心理支持网络系统的调适功能。

（3）辅导功能

学校心理支持网络系统的另一个重要功能，是帮助有各种心理问题和心理障碍的学生，尽快摆脱障碍，恢复健康。《中小学心理健康教育指导纲要（2012年修订）》中明确提出，"心理辅导是一项科学性、专业性很强的工作，心理健康教师应遵循心理发展和教育规律，向学生提供发展性心理辅导和帮助"。由此可见，对于那些有心理困扰或心理障碍的小学生来说，在遇到困难、产生问题的时候，能否得到辅导教师适时的指导与帮助，尽快摆脱困扰，恢复健康，是决定其整体心理健康水平的一个重要因素。

3. 学校心理支持网络系统的构成

（1）教师个别辅导

这是指教师在与小学生个别交往的过程中，运用心理辅导的方法，帮助小学生解决心理问题的方式。在学校教育过程中，班主任和任课教师是与小学生接触最多的教育者，也是对小学生影响最大的关键人物。教师如果能够确立正确的教育观念，形成正确的角色意识，就能与小学生建立起和谐、融洽的师生关系，从而获得小学生的信任。当小学生遇到问题或产生困惑时，就会把教师当成主要的支持者，有心里话可以向教师倾诉，有困难可以向教师求助，而且能够得到教师充分的理解和积极的指导。在这样的环境中，小学生与教师相处就会有安全感，一些轻度的心理问题能够在刚开始露头时就得到及时地化解，许多心理隐患能避免加剧，收到防患于未然的效果。这样，小学生的心理健康状况一定能得到明显的改善。

（2）团体辅导活动

这是学校根据小学生不同的心理问题而采取诸如心理活动训练、游戏辅导、心理剧表演、心理知识讲座等团体辅导的方式。在学校开展心理辅导活动时，应当注意在内容与形式上要很好地针对小学生的年龄特点，适合小学生的心理发展水平。心理健康教育的形式在小学可以以游戏和活动为主，营造乐学、合群的良好氛围，让小学生在愉悦、快乐的学习和生活体验中，使情感得以陶冶，个性得到培养，心智能力得以提高。

（3）学校心理咨询服务

在学校里，配备一些受过专门训练、具备一定专业水平的辅导教师，为那些有明显心理问题或心理障碍的小学生进行及时、有效的个别辅导，是十分必要的。他们的工作可以使学校心理支持网络系统的专业水准得到保证，同时也能解决小学生中的一些比较紧迫和棘手的问题，为学校领导和班主任以及小学生家长提供翔实的资料和良好的建议。

（4）同学互助

同学互助是学校心理支持网络系统的重要组成部分。尽管小学生的认识水平比较有限，但是同龄伙伴间的友谊和良好关系，仍然是一种强有力的心理支持力量。当小学生遇到困难、出现困惑或产生某些心理问题时，如果能向关系好的同学或朋友倾诉心中的不快和委屈，得到同学们的真诚关心和热情帮助，就能使他们在心理上感受到温暖和慰藉，得到鼓励和支持，从而增强克服困难的勇气，使自己最终能够战胜困难，恢复心理平衡。

三、社区教育与小学生心理健康

《中小学心理健康教育指导纲要（2012年修订）》提出："充分利用校外教育资源开展心理健康教育。学校要加强与基层群众性自治组织、企事业单位、社会团体、公共文化机构、街道社区以及青少年校外活动场所等的联系和合作，组织开展各种有益于中小学生身心健康的文体娱乐活动和心理素质拓展活动，拓宽心理健康教育的途径。"因此，发挥校外和社区等心理健康教育资源的作用，有助于小学生身心健康成长。

所谓社区是指在一定的地域里，在生活上互相联系，并具有一定社会关系的人群。社区是社会的一个单元。有了众多的社区，才能组成一个社会。构成社区的要素有：人口、地域、相联系的有组织的社会经济活动及与之相适应的管理机构、维持集体生活所必需的共同行为规范及其制裁制度。

近年来，随着我国经济、文化的发展，社区也得到了相应的发展，并发挥着越来越重要的作用。特别是大中城市，纷纷以街道、居委会（有的以居民小区）为单位，建设社区文化，以学校图书馆、文化馆、俱乐部等公共设施为阵地，为广大人民群众创设精神生活和文化环境，其中也举办了一些适合小学生的业余活动，如青少年活动中心、科普园、青少年辅导站等。这对于向广大小学生普及科学知识，培养其健康向上的精神，促进其心理健康发展起到了十分积极的作用。

（一）社区在小学生心理健康发展中的地位

社区作为社会环境是一个"大环境"，其文明程度及影响力度直接关系到学校教育这个"小环境"的一切。有一个高度文明、积极快乐、健康向上并热心于青少年教育的社区环境，对小学生的健康成长是十分有利的。目前，学校教育为了减轻小学生过重的课业负担，正在加大教育教学改革的力度，在全面提高小学生综合素质上下功夫，同时也控制了小学生在校学习的时间，以保证小学生有更充裕的时间和精力去获得更全面的发展，因此，小学生有更多的时间在家里或社区内度过。素质教育要求小学生增强实践能力，而增强实践能力的一个很重要的方面就是了解社会、接触社会，在社会实践中得到锻炼。这些客观现实向社区环境、社区文明和社会教育提出了更高的要求。

从社区的角度来讲，要重视各种环境的综合治理及配套设施的建设，创建一个文明、高尚、健康的大环境，填补好学校教育、家庭教育的空缺部分。

（二）社区环境对小学生心理健康的影响

一切社会活动都是在一定的社区里进行的，社会普遍存在的各种现象都会在各个社区内反映出来，其自然环境和人文环境对小学生的心理健康必然有着重大影响。

1. 社区自然环境对小学生心理健康有着重要的影响

一个良好的生态环境肯定有利于小学生身心的正常发育和教育的实施，如小学生身处四季如春、绿草如茵、花木满园的环境中，就会心旷神怡，充满对生活的热爱，也会以一个好心情去学习和生活。正因为如此，各地都很重视社区的绿化、美化以及学校公园化、花园化。反之，如果高楼林立，生活空间狭小，会使人感到压抑；空气污染严重，就可能使人生病，健康状况不好；噪声污染会使人心烦意乱，思绪不清。小学生置身于一个脏、乱、差的环境中，就很难有一个良好的心境，不仅影响学习，甚至容易导致不良行为的发生。

2. 社区人文环境对小学生心理健康的影响更为广泛、深刻

社区人文环境实际上反映了社区的文明程度，包括社会风气、人际关系、文化氛围等，社区人文环境能够作为学校教育的直接补充，在帮助小学生吸取知识、陶冶情操、培养能力和发展个性方面都起到重要的作用。近年来，我国的社区文化建设有了很大发展。居民的文化生活不断丰富，文化建设的教育功能得到了加强，体现了社区物质文明与精神文明并驾齐驱的势头。这为小学生的心理健康发展提供了一种良好的文化氛围。但是也应当看到，在社区文化建设方面存在着不少有碍小学生心理健康发展的状况。比如，游戏厅、台球厅、网吧，成了聚赌的地方；一些商户见利忘义，通过各种手段招徕小学生参赌从中牟利；还有些地方封建文化沉渣泛起，算命摊、测字摊街头遍布……上述这些存在于社区中的现象，不仅败坏社会风气，影响社会主义精神文明建设，更重要的是影响一些小学生的心理健康。青少年犯罪低龄化往往与受到不良文化的影响有关，因此，社区文化建设规范的治理迫在眉睫。

人口数量、人口素质也是一种人文环境，社区人口数量的多少、出生率的高低，直接影响着心理素质教育的规划、机构的设置。而人口素质，主要指成人素质的高低，直接影响着小学生的心理发展。小学生的行为习惯、价值取向、兴趣爱好、精神风貌等心理现象，往往是本社区成人综合素质的反映。

社区习俗是人们在长期的共同生活中积累和培养起来的社区习惯，带有鲜明的地区性和民族性，并反映在生活方式上，即人们的衣食住行、劳动、娱乐、道德观和审美观及与这些观念相适应的行为方式和生活习惯上。小学生在成长中，日常生活环境是他们认识事物的主要来源。他们从一出生就生活在一个社会环境中，就会受到周围社会习俗和人们生活方式的种种影响，年龄越小，这种影响就越大。

总之，一方面，小学生的心理健康受社区经济、政治、文化教育、科学技术、社区人口等因素的影响。另一方面，小学生心理健康水平的提高，也有利于提高社区的精神文明程度，形成良好的人际关系，使社区更富于生机、更富有活力、更富有凝聚力。

（三）营造有利于小学生心理健康的社区环境

小学生的心理发展变化是复杂的、多方面的，应当综合治理。研究社区与小学生心理健康，目的在于从社区建设、社区文化的角度探讨一条提高社区教育质量，提高本地区、本社区小学生心理素质的新途径，这是时代和社会赋予我们的历史使命。做好社区

环境治理和教育工作是十分重要的，我国一些地区已经摸索出了一些成功的经验和有益的方法。

1. 在各级行政区建立社区教育委员会

各级社区教育委员会发挥着协调、管理、指导三方面的职能，能促使文化、民政、妇联、团委、综合治理办公室等有关部门一起关心、支持教育工作，动员社区内各单位共同优化社区环境，在社区教育委员会的统筹下，形成全社会共同关心小学生心理健康的氛围。

（1）在有关部门的协调下，彻底治理学校周边环境，彻底清除不利于小学生心理健康发展的"污染源"。同时加大投入，加强社区文化的硬件（如少年宫、科技馆、全民健身设施等）建设。

（2）充分发挥社区内一切文化、娱乐设施的教育作用。如使文化站、游乐场、俱乐部、网吧等服务于一个共同的目的，并有组织、有指导地开展活动，丰富小学生的课余生活，促进小学生心理健康发展。

（3）通过企事业、机关、部队、公安等部门与学校挂钩，采取聘请校外辅导员，设立街道（村）居委会学生假期活动站等措施，将社区内潜在的教育因素变成现实的教育机会。

（4）组织小学生开展社区考察活动，了解社区经济、文化、民俗、历史、地理、人物、自然环境等；体验工厂、农村、部队的生活，倡导小学生参与社区服务，在活动中增强小学生的社区意识。

2. 加强家庭教育指导工作

在各级社区教育委员会的组织、协调下，建立社区家长学校、家长委员会，以不同方式组织家长进行学习、交流、咨询活动，提高家长的素质，帮助其树立正确的教子观和掌握科学的教子方法。

今天的中小学生将是明天的社会建设者。为了他们，设计今天和未来的社区心理健康教育环境，必须着眼于世界科技的发展趋势，借鉴先进的成功经验，使社区心理健康教育作为培养明天社会合格人才系统工程的有机组成部分，发挥其不可替代的作用。社区教育的任务是十分艰巨的，社区教育的前景是十分广阔的。

第二节　小学生心理健康教育网络的构建

心理健康教育的长期性、渗透性、模仿性等特点决定了必须在一个大教育体系中建立学校、家庭、社区十分密切的心理教育网络联系。这个网络应该是一个以家庭心理健康教育为核心，学校心理健康教育为主导，社区心理健康教育为阵地的"三位一体"、新型网络教育模式，即家庭、学校、社区三者结合，一体化开展小学生心理健康教育的模式。

一、构建小学生心理健康教育网络的意义

（一）有利于各种教育资源的合理配置，扬长避短，发挥最大的效益

建立"三位一体"心理健康教育网络有利于学校、家庭、社区各种心理健康教育资源的合理配置，扬长避短，发挥最大的效益。在开展家庭教育方面，社区与学校的配合也是一项行之有效的措施。学校开办的家长学校尽管能够对在校小学生家长进行系统的宣传和指导，但是一些失学儿童家长和毕业生家长就游离于家长学校之外，成为家庭教育的空白。这项工作如果通过社区的配合，充分发挥街道和居委会的作用，帮助辖区内的家长们提高心理健康教育的意识和水平，就能取得很好的效果。

（二）有利于协调各方面的教育力量，形成合力，改善心理健康教育的效果

影响人发展的因素是一个包括时间、空间和人自身的三维系统，因此现代教育认为教育本身应该是一个全方位的立体系统。这个系统从纵向上看，应包括人从生到死的全部历程；从横向上看，应包括家庭、学校、社会等方面的全部影响因素。心理健康教育的开展也有同样的问题，只有把纵、横两个方面的因素全部纳入心理健康教育的系统之中，才能使各方面教育影响形成合力，最终取得理想效果。

（三）有利于加强对影响小学生心理健康因素的控制，提高预防和矫治的效果

导致小学生发生心理问题的因素是多方面的，因此预防与矫治的途径也必然是多方面的。从现实情况看，只有当家庭、学校、社区三个方面的功能能够协调一致的时候，对小学生的心理问题进行预防与矫治的有效性才能达到理想的水平。比如，当前国家三令五申要求减负，但许多地方小学生的负担就是减不下来，究其原因，常常与家长、社会的影响有直接关系。如果能在它们之间建立一种互补的合作关系，就更好地发挥学校的核心与辐射作用，对其他教育资源起到带动作用。

二、小学生心理健康教育网络模式的构建

建立学校、家庭、社区心理健康教育网络势在必行。心理健康教育应该以学校为主导、以家庭为核心、以社区为阵地，形成一个开放的网络结构模式。

（一）以家庭心理健康教育为核心

家庭是影响人的第一个场所，家长的品格、行为等都直接影响孩子的成长。有研究表明，在影响学生人格品质形成的因素中，48%的学生认为家庭是第一因素，31%的学生认为教师是第二因素，33%的学生认为朋友、周围环境应排第三位。学生最敬重的人，36.5%的学生认为是父母（含家庭其他成员）。由此可见，家庭是心理健康教育的关键场所，家庭心理健康教育是心理健康教育的核心。当孩子出现"问题"的时候，首先应该检讨的是父母。

（二）以学校心理健康教育为主导

学校作为专门的育人机构，也应将心理健康教育纳入专业化的范畴。学校是开展小学

生心理健康教育的主渠道，应发挥功能上的主导地位与业务上的指导作用。当前，学校不仅要在改善校内育人环境方面尽到自己的责任，而且应该在指导家长和协调社区教育方面发挥更重要的作用。与家庭教育、社区教育相结合，通过全面发展教育，提高小学生综合素质，就能把小学生培养成一个心理健康的人，健康的心理又促进了小学生综合素质的全面提高。所以，学校教育在心理健康教育中起着主导作用。

学校教育作为心理健康教育目标实施的主渠道，直接体现着社会心理健康教育及家庭心理健康教育的要求，是每一个孩子走向社会、做个健康仓格公民的培训中心。它的自然环境、人文环境，对小学生产生广泛而深刻的影响。作为学校大家庭的一员，学校心理健康教育是理想与现实的平衡剂、单纯与复杂的适应良方，有助于未来的公民形成积极向上、开朗、乐观、热情的个性品质，教给他们正确调节不良情绪、理性认识失败和成功的方法。

(三) 以社区心理健康教育为阵地

社会政治、经济的阶层、都市文化和现代文化的弊病、社会风气等都会对人产生压力，人们的行为模式也就是在这些环境中固定下来的。要做好心理健康教育，必须抓好精神文明建设，净化社会环境。

作为"地区"亚文化群体的社区，是心理健康教育的阵地，它在心理健康教育中越来越显示出重要作用。"孟母三迁"的典故，可谓是社区在人的心理发展中起重要作用的最早见证。社区的归属感体现了人对社会的认同心理和人与社会的融合。社区应该不断加强文明建设，为小学生营造一种健康的社会心理氛围。

(四) 以心理健康教育活动为载体

为了促进小学生心理健康发展，学校内部要形成一个全体教职员工参与、学科教学课堂渗透、班主任科学运用的教育机制以及团队组织开展丰富多彩活动、专职心理教师和心理咨询员进行专业指导的一个心理健康教育体系。例如，要加强同家庭教育与社区教育的联系，举办家长学校，对小学生的父母进行定期的心理健康教育，并教给家长一些教育策略，帮助他们认识、关心、理解、爱护自己的孩子，做合格的家长。家长自身也要积极进取，做好孩子的表率。定期召开家长会，及时交流小学生在校、在家情况，探讨教育方法，形成教育合力。学校应该开放，让家长了解学校、参与管理。同时学校还要积极与社区教育相配合，充分利用社区的各种教育资源，如聘请老干部、英模、公安干警、解放军战士等为校外辅导员，利用社区文化设施及青少年教育基地组织小学生活动，协助公安、居委会综合治理学校周边环境等，共同关心小学生的心理健康发展。

总之，在学校、家庭、社区心理健康教育网络里，个人的角色直接体现了三者之间是不可分割、互相作用的有机整体。儿童在学校是教师的学生，在家里是父母的孩子，在社区是未来的公民，他们的心理健康教育，也是通过这三者有机结合在一起的网络作用来实现的。三者缺一，就可能使儿童心理发展失衡，出现某种心理障碍。故此，家庭教育和社区教育要积极配合学校，营造一种全社会都关心、支持儿童心理健康的氛围。

三、小学生心理健康教育网络的管理与建设

《中小学心理健康教育指导纲要（2012年修订)》提出："各级教育行政部门要切实加强对心理健康教育工作的领导，制定规章制度，明确责任部门和负责人，支持和指导中小学开展心理健康教育工作。"因此，要保证心理健康教育的有效实施，必须加强组织管理与教师队伍建设工作。

（一）建立组织，完善机构

政府应对心理健康教育网络管理工作予以高度重视，应成立青少年心理健康教育管理委员会，吸纳关心下一代工作委员会、地方社区、共青团和教育部门以及心理咨询部门参加，发挥合力，组织落实协作攻关，互相联合，主动配合，开展积极有益的活动。

（二）完善机制，统筹管理

小学生心理健康教育网络不仅要有规范的组织机构，还要建立健全管理机制，有开放的心理咨询活动场所以及有组织的活动内容和活动安排。组织由专职人员、社区服务人员和家庭学校工作人员以及学校德育工作者和医疗卫生保健部门、媒体参加的心理健康教育训练中心，定期出板报、宣传专栏，设立热线电话、电子网络、咨询辅导中心等，见图5-1。

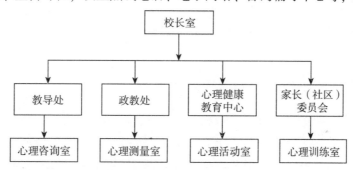

图5-1 心理健康教育组织体系

（三）加强协作，形成合力

小学生心理健康教育网络的建立应该在促进三个方面加强协作、形成合力方面起到更大的作用。在现代化的信息社会中，任何一种封闭的教育都是不合理的，其效果也不可能是成功的。实践证明，只有当学校教育同家庭教育、社会教育密切配合、形成合力的时候，才能产生最为理想的教育效果。因此，不管是在学校中从事心理健康教育工作的教师，还是教育行政部门的领导，都必须清醒地意识到这一点：面对日益复杂的教育影响和不断增加的教育难度，只有加强协作，紧密配合，在合作中寻求新的教育途径，才是唯一有效的出路。

（四）优化环境，遏止污染

小学生心理健康教育网络的建立应该在改善育人环境方面发挥更大的作用。众所周知，在现实生活中，存在着许多影响儿童健康成长的不利因素。这些不良影响来自家庭、

学校、社会等不同方面，不是只靠某一个方面的努力就能将其彻底消除的，而要多方面采取有效措施，遏止和消除来自不同方面的污染源。例如，加强法制建设，加大对大众传媒的管理机制，加强正确的舆论导向，规范影视、书刊、电子市场，加强对歌舞厅、电子游戏室、台球室的管理等，优化社会环境，尽可能降低污染源污染的程度。学校也要加强对小学生的指导，不断增强小学生的社会适应能力，使其在文明、健康的社会环境中成长。

（五）完善队伍，做好培训

《中小学心理健康教育指导纲要（2012年修订）》提出，"加强心理健康教育教师队伍建设""各地各校要制定规划，逐步配齐心理健康教育专职教师""逐步增大专职人员配比"，统筹解决编制，落实职称评聘工作，确保心理健康教育教师享受班主任同等待遇。大力开展心理健康教育教师培训，聘请专家制定培训课程标准，分期分批培训，提高专、兼职心理健康教育教师的基本素养和职业能力。

第三节　小学生心理健康教育活动课程概述

小学心理健康教育活动课程是小学生心理健康教育系统中重要的一环，其活动课程目标明确、内容广泛、形式灵活，能有效促进小学生的学习与人格全面健康发展。

一、小学心理健康教育活动课程的含义

在小学心理健康教育实践中，人们对心理健康教育活动课程内涵的认识主要存在以下三种观点：一是认为心理健康教育活动课程是新增加的，如同一般学科课程一样，主要向小学生讲授心理健康知识。这种观点的存在，主要源于对心理健康教育缺乏全面的、深刻的认识，不了解心理健康教育活动课程的本质。二是认为心理健康教育活动课程主要是针对小学生的问题而开展的团体辅导和个别辅导。这种观点把辅导内容局限在小学生的心理问题上，把辅导形式局限在团体辅导和个别辅导，把辅导的对象局限在有心理疾病的个别小学生身上，使心理健康教育目标问题化。三是认为心理健康教育活动课程是一种面向全体小学生的、以正面教育为主的活动课程，辅导目标重在发展、预防。

学校心理健康教育活动课程就是依据课程本质的要求，从心理健康教育活动课程的目标、辅导内容、辅导活动的方式这三种基本成分来规范和设计课程的。心理健康教育活动课程的学习内容，可以提高学生的心理品质，激发其潜能，达到适应社会发展、个性和谐统一的目标。

综上所述，小学心理健康教育活动课程是指小学教育工作者根据小学生心理活动规律，运用多种方法和措施，有计划、有目的地对小学生在学习活动、自我发展、情绪控制、人际交往、社会及生活适应等方面进行积极的教育和辅导，进而调节小学生心理机能、开发小学生心理潜能，以维护小学生的心理健康及培养小学生良好的心理素质的

课程。

小学心理健康教育活动课程应属于活动课程范畴，它既是当前小学生心理健康教育的一种有效途径和载体，又是小学活动课程体系的重要组成部分，还是校本课程建设与开发的一种有益补充。

二、学心理健康教育活动课程的目标

（一）小学心理健康教育活动课程的总体目标

小学心理健康教育活动课程的最终目标是培养小学生健全的人格，使其具有良好的社会适应性和良好的心理品质。根据这一要求，心理辅导课程的目标又分为发展性目标和预防性目标。发展性目标侧重于小学生心理潜能的开发、心理品质的培养，旨在帮助小学生完善自我、健康成长；预防性目标侧重于帮助小学生及时发现自己在成长中遇到的各种困惑和问题，学会如何调整心态，学会如何及时纠正和改变不健康的心理，确立积极健康的情绪，培养小学生正确的自我观和良好的人际适应能力。总之，心理健康教育课程的目标在某种程度上是育人的社会目标，是培养人、重视人、实现人的根本目标。

（二）小学心理健康教育活动课程的具体目标

小学心理健康教育活动课程应依据学生年龄发展特点确定。一至二年级为小学低年级，主要依据低年龄儿童身心发展特点，着重培养小学生基本的学习技能和智力品质，帮助小学生认识班级、学校、日常学习生活环境和基本规则，初步感受学习知识的乐趣，重点培养和训练学习习惯、文明礼貌和友好交往品质，适应新的学习生活和新的集体及新的伙伴，为良好的心理行为品质和习惯形成打下基础。

三至四年级为小学中年级，主要帮助学生了解自我和认识自我，初步培养学生的学习能力，激发学习兴趣和探究精神，主动参与活动，培养良好的个性品质，树立正确的角色意识，培养健康的人格和良好的交往能力、自控能力。

五至六年级为小学高年级，主要帮助小学生正确认识自己的优缺点和兴趣爱好，着力培养小学生的学习兴趣和学习能力；开展青春期教育，引导小学生进行恰当的异性交往，建立良好的异性同伴关系，扩大交往范围；帮助小学生正确体验和表达情绪情感，克服困难及厌学情绪，培养分析和解决问题的能力，为初中阶段的学习生活做好准备。

三、小学生心理健康教育活动课程的内容

（一）社会适应性教育

学业适应教育：了解各科学习的策略和方法，激发学习的动机和兴趣，正确对待考试及考试结果，适应每个阶段出现的心理波动及学习问题。

人际交往适应教育：能够适应学校的群体生活，并找到自己在群体中的位置，正确认识自己在家庭中的角色，能够与他人进行良性沟通，合理表达自己的要求、想法与意见，正确处理与异性交往的尺度和分寸，能够与周围环境和谐相处。

（二）促进智力发展

主要包括观察力、记忆力、注意力、想象力、创造力、思维能力等智能因素的发展和培养。

（三）实施人格辅导

主要指动机、兴趣、情感、意志、性格、自我意识等非智力因素的教育。在动机方面，具备适当的成就动机、探究动机，敢于承担，责任心强。在兴趣方面，培养良好的兴趣，兴趣广泛，有稳定的阅读爱好。在情感方面，具备一定的情绪调节能力，具有积极乐观的人生态度，对前途充满信心，能正确面对人生中出现的挫折和失败。在意志方面，培养自主坚强的意志品质，有稳定的注意力和较强的自我控制能力，独立性强，具有延迟满足的良好品质，勇敢而坚忍。在性格方面，培养儿童爱、同情、关心和帮助他人的性情，养成尊老爱幼、尊师重道的良好品质，性格大方、豁达、开朗，有责任感和正义感。在自我意识方面，具有正确的自我认知、积极的自我评价及较强的自尊心，对自我有准确的估计和定位，喜欢并接纳自己，有强烈的成长需要和成长目标。

四、小学生心理健康教育活动课程的形式

开展小学生心理健康教育活动可利用地方课程或学校课程开设形式多样的活动课程，包括游戏活动、体育艺术活动、情景设计、角色扮演、案例分析、行为训练、心理情景剧、专题讲座和社会实践活动等多种形式。下面介绍小学心理健康活动通常采用的形式。

（一）游戏活动

主要是让小学生在丰富多彩、形式活泼的游戏活动中完成心理健康教育活动课程的目标和内容，达到促进小学生潜能开发、人格完善、个性品质优化、良好互助风格形成等目标。在游戏活动中，通过角色扮演、游戏辅导、心理情景剧等形式，让小学生扮演不同的角色，置身于角色的模仿、感悟、体验和讨论中，使小学生增强对他人社会角色及原有角色的理解，从而学会更有效地履行自己的社会角色。心理情景剧包括哑剧表演、角色独白、自我镜像表演、角色对比表演、即兴表演、角色辩论、经典片段表演等形式。

（二）体育及艺术活动

将体育和音乐、美术课程有机结合的这种心育性活动可以促进学习中的竞争与合作，培养良好的团队精神。坚持意志锻炼和良好体能的锻炼，能促进小学生身心素质的整体提高。同时通过音乐、美术等艺术教育的熏陶，能调节身心疲劳，释放不愉快情绪，抒发良好情感，投射潜意识，提高创造潜能，完善个性品质，体验人生幸福，促进健康发展。

（三）角色扮演

角色扮演是通过表演的方式，模仿他人行为来触动个体心灵，启发个体对问题的认识和看法，最终影响和改变小学生面临的潜在或外显的困惑及其他心理问题，促进其健康成长的一种方法。

在角色扮演过程中，小学生通过扮演某种角色，深刻体会和了解其内心冲突，认清自己的问题，把平日压抑的情绪借机自由地释放、宣泄，使心灵得到净化和解脱，并从中学习社会适应技巧和正确处理问题、解决问题的能力。

在班级辅导活动中，角色扮演的形式是多种多样的，可以是以哑剧、独白、镜像、魔术店等方法为主的心理剧；可以是以情景对比、情景创设、情景短剧、小品、角色拍卖会等为主的社会剧；也可以是心理剧和社会剧结合的戏剧表演活动。这些角色扮演活动的目的在于运用戏剧表演的方法，通过小学生对角色的模仿、想象、创造、感受、体验、思考与讨论，达到团体心理辅导所要实施的具体目标。

（四）案例分析

案例分析就是教师将小学生在生活中遇到的各种心理问题诸如人际交往、自我认识、学习活动、情绪调节、适应不良、自我控制等方面的问题以生动、真实、鲜活、直观的案例形式呈现给小学生，引导小学生就案例中人物的心理问题、问题成因、解决对策等进行思考和探讨，充分调动小学生参与的积极性和热情，启发小学生对问题的正确认识，通过深入思考和透彻体悟，以己推人、以理服人，于案例分析中提高小学生的心理健康水平，潜移默化地影响和改变小学生的问题行为。

（五）行为训练

行为训练是以行为主义的学习理论为指导的心理健康教育活动课程设计形式。在确定训练目标后，可采用示范、强化、奖惩、厌恶、条件反射等系列手段，纠正并消除小学生的不适应行为，使行为训练对象的行为符合训练者的期望和预定目标，从而习得新的适应性行为。例如，培养小学生自信心活动可以具体运用以下行为训练方法：

鼓励小学生在公众场合"大声讲话"，清楚地表达自己的想法、观念。如可以在课堂上，给学生五分钟时间，面向全体师生介绍自己，包括自己的兴趣、爱好、个性特征、优点与缺点等，尤其是要突出自己的优点与长处。

及时强化和鼓励小学生的适应行为，有效运用"赞赏教育"，同时给予其正面的、积极的暗示，以增强其自信心与自我效能感。

慎重使用惩罚。教师与小学生要提前沟通，商量好因自信心不足而引起行为失当现象时应该给予怎样的惩罚，尤其是要引导小学生学会使用自我惩罚，这会有意想不到的收获。

（六）社会实践活动

心理健康教育的目标是通过各种实践活动来培养小学生良好的心理品质，促进其身心健康发展。只有置身于各种有益的社会实践活动中，才能使小学生在不同的环境下学会思考、学会与人相处、学会适应各种变化了的环境，以提高自己的适应性和社会责任感。心育性社会实践活动关注的是在社会情境下人的自我探索、人际探索以及人在社会影响下的心理成长。在军训、学农活动、公益活动、野营、生存训练、社会调查等活动中都可以设计心理健康教育的内容，达成心理训练的目的。

五、小学心理健康教育活动课程特点

小学心理健康教育活动课程具有以下特点：

（一）计划性

小学心理健康教育活动课程要依照小学生的年龄、心理发展特点，有计划地、系统地、循序渐进地对小学生的心理施加影响、进行心理训练，并作出相应评价。而其他心理健康教育活动往往具有随机性、不系统性，且不一定都有评价。

（二）目的性

小学心理健康教育活动课程是有明确的预期目标的，具有矫正性、预防性和发展性的功能。它侧重于小学生良好的自我观念的建立，人际交往能力的提高，理性价值观念的建立，调控情绪能力的增强，意志品质的改善等方面，目的是为小学生一生发展奠定良好的心理素质基础。这使得小学心理健康教育活动课程主旨鲜明，具有普遍意义和推广价值。

（三）活动性

小学心理健康教育活动课程以活动为载体，年级越低，活动性越强。每一节课都应围绕活动主题开展心理健康教育活动，避免单纯的心理学知识的一般性讲解或者简单说教，而让小学生在情境中自我体验、自己领悟。

（四）互动性

小学心理健康教育活动是师生、生生互动共感共进的过程。教师在活动中扮演的角色不是"指挥官""训导者"，而是与学生平等互动的共同参与者。在活动中教师与学生建立起彼此信赖的朋友关系，不以说教为主，而以引导为主，达到共同提高的目的。

（五）开放性

小学心理健康教育活动课程的结构具有开放性，即其构成要素与实施过程不是封闭的。它的开放性集中体现在活动目标、活动内容、活动时间、活动空间以及活动中师生关系的开放等方面。

活动目标的开放：活动目标重在发展和预防。每一个小学生都可以根据自己的实际情况去发展，不搞"一刀切"，从这个意义上说活动目标是多元的、开放的。

活动内容的开放：活动选择的是小学生最关注的自身心理问题以及与这些问题发生关联的来自社会因素影响的社会问题，最终目的是增强小学生的社会适应能力。因此，活动内容、情境创设是开放于社会的，同时又能充分满足小学生内在的心理需要。另外，活动有时无统一、固定的答案，故活动结果也呈现出开放性。

活动时间的开放：活动的设计和组织实施不拘泥于一般课堂教学的时间限制，应视具体情况而定，具有一定的灵活性。

活动空间的开放：活动空间不拘泥于教室，也可根据活动内容需要选择教室以外的打破教室中原有座位排列的模式。例如，U形、V形、O形排列均是理想座位排列形式。

师生关系的开放：活动中师生关系应是彼此尊重、平等、民主、和谐、合作式、开放型的，活动过程是师生互相促进成长的过程。

（六）活动对象的全面性与主体性

活动对象的全面性是指心理健康教育活动课程的活动对象是全体小学生，在活动中全体小学生共同参与，成为活动过程中的活动主体。活动对象即小学生的主体性主要表现在小学生在活动中能充分发挥其能动性、自主性和创造性。

六、小学心理健康教育活动课程的意义

小学心理健康教育活动课程是以发展和提高小学生的心理素质为目标，由全体小学生主动参与的课程，这种课程会让所有的小学生在参与活动的过程中获得启示和感悟，提高自己的心理自助能力，唤起小学生对人生的探求，促进其全面的发展，其重要意义体现在理论和实践两个方面。

（一）理论意义

小学心理健康教育活动课程是将心理健康教育寓于活动中。从理论层面来看，活动是指主体与客观世界相互作用的过程。人通过活动反映客观世界，又通过活动反作用于客观世界，使反映进一步受到检验与发展，因此活动便构成了心理发生、发展的基础。这样，小学心理健康教育活动课程对小学生心理发展起到了重要作用：

1. 有助于培养和发挥个体的自主性、能动性和创造性等主体性特征。在小学心理健康教育活动课程中，个体对于活动客体、活动手段和方式的选择，对活动目的、步骤和计划的确定，对活动诸环节的调节，对活动过程的控制，都需要个体自主性、能动性和创造性的发挥。

2. 有利于个体潜能的发挥。个体的活动是其潜能的转换器，也是其各种新需要和新能力的再生器。个体通过活动可以不断地感受到外界对其的各种要求，一旦这些要求被内化，新的需要就会产生，这是个体潜能的贮藏形式。随着活动的继续进行和深化，个体的潜能就会逐渐被挖掘，并转化为现实的力量和新的能力。

3. 有利于个体进行自我教育。小学生在活动中逐渐学会自律、不断依据活动目标、任务来调节自己的行为方式，通过实践活动培养自信心和与人交往的能力，促进自我教育和提高自我意识水平。

（二）实践意义

从实践层面来看，小学心理健康教育活动课程作为小学活动课程体系中的重要组成部分，旨在发展和提高小学生的心理品质。

1. 心理健康教育活动课程可以调节和抑制小学生身心变化导致的各种心理困惑、心理冲突、心理失衡和行为偏差，使其具有健康的心理素质、健全的人格、良好的心理适应能力。

2. 通过心理健康教育活动课程，小学生可以发展其兴趣爱好、个性特长，使身心得

到发展；心理健康教育活动课程可以满足小学生交往的需要，使他们在交往中培养健康、丰富的感情，学会处理各种人际关系，增强适应环境的能力，形成合作意识，养成活泼开朗的性格，锻炼意志力，在活动中增强自信心，为小学生良好心理品质和创造力的培养奠定坚实的基础。

第四节　小学生心理健康教育活动课程设计

开展小学生心理健康教育活动课程，并不是要新增加一门学科课程，而是在依据其符合自身特点的设计原则基础上，根据小学生的年龄特点和具体情况，采取不同内容与不同形式的心理健康辅导，更好地发挥心理健康教育的实效。

一、小学心理健康教育活动课程设计的原则

小学心理健康教育活动课程设计与实施的总体原则是要立足教育，重在指导，遵循小学生身心发展规律，保证心理健康教育的实践性和实效性。设计小学心理健康教育活动课程应遵循以下原则：

（一）发展性原则

发展性原则是指教育者必须以发展的眼光看待小学生的心理，教育活动必须立足于小学生现阶段的心理发展需求与心理活动水平，以从低到高、由浅入深、由易至难的原则安排符合不同年龄阶段小学生的心理健康教育活动课程为主线，旨在促进小学生个性心理和人格的健康发展及心理素质的全面提升。

（二）主体性原则

主体性原则是指在心理教育过程中要尊重小学生的主体地位，要相信小学生具有自我提升、自我发展的内在潜力和需要，注意调动小学生的主动性、积极性，给小学生提供施展自己才华、发泄自己负面情绪以及自由发表看法、互相争论探讨的环境和宽松、民主的心理氛围。心理健康教育的目的是培养全体小学生良好的心理素质。心理健康教育的内容应按小学生特定年龄阶段的身心特点、发展规律、特殊的心理行为问题来组织安排，这显然是以小学生为主体设计的。离开小学生主体，心理健康教育的全部内容都失去了意义。

（三）差异性原则

心理的个别差异不仅表现在个体间可能具有不同的心理特点，还表现在同一特点在不同人身上有不同的发展水平。因此，应该承认小学生个体原有的差异和发展中的差异，对不同个体采取不同的教育方法及评价尺度；要最大限度地发挥小学生的潜能，力求达到上限；小学生在原有基础上进步就是成功。

（四）尊重性原则

尊重就是指尊重小学生的人格与尊严，尊重小学生的权利，承认小学生与教育者在人格上是平等的。心理健康教育实际上就是师生双方的一种交往过程。师生双方只有在互相尊重的基础上，实现人格上平等、心理上相容时，小学生才能尽情地张扬个性、表现自我。

（五）全面性原则

小学生心理健康教育是以面向全体小学生、全面提高小学生的基本素质为根本宗旨的教育。因此，必须坚持以全体小学生为服务对象，根据小学生生理、心理发展特点，运用有关心理教育方法和手段，培养小学生良好的心理素质，促进小学生身心全面和谐发展和核心素养的全面提升。

（六）体验性原则

体验性原则是指在心理健康教育活动课程中，教师要营造愉悦的心理情境，让小学生产生愉悦的体验，不断使小学生积累成功体验，从而培养小学生自信、自主、自强的健康人格。

（七）可操作性原则

可操作性原则可以从以下两个方面进行理解：

在教学目标上，避免"假大空"现象，要把教学目标具体化，以实际的、可操作的、通过努力能达到的具体目标为着眼点，将高深的理论和泛泛的口号转化为实际的行动指令。

在教学设计上，课程内容要与小学生的年龄特征相适应，符合该年龄阶段小学生的心理发展需要，这样小学生才能有兴趣自觉投入到课程当中。在设计活动时，教师要充分考虑到每个小学生的实际操作水平和接受能力，形式要灵活多变。

二、小学心理健康教育活动课程设计的流程

小学心理健康教育活动课程设计一般包括以下七个环节：

1. 科学选题及命名。小学心理健康教育活动课程的选题和命名应与小学生的实际生活密切联系，从找到小学生最渴望得到解决的问题入手，做到因人、因事、因地、因时、因势。由于每一名称具体标志着特定的活动内容，所以命名应斟酌。

2. 对主题进行理论分析。主题与单元名称确立后，教师要对与该主题有关的理论进行认真的研究与分析。教师要对小学生的心理特征与发展目标进行理性分析，把收集到的感性材料概括化、理论化，通过小学生展现出来的心理现象看到心理发展的本质，提出具有科学性、针对性和实效性的训练思路。

3. 制订活动目标。根据理论分析，结合小学生的实际情况，制订出相关的活动目标。

4. 选择活动策略与方法。根据活动课主题及目标，结合活动内容及各种资源，选择有效的活动策略与方法。

5. 活动准备。包括确定活动时间，规划活动空间，相关人力、物力与学校行政及社区资源的获得与协调。

6. 设计、明确活动内容与流程。这是单元设计中的主要部分，它规定了辅导活动的内容、过程及具体步骤，从活动开始到活动结束每个流程都应有具体的说明。

例如，在我国台湾学者程国安先生设计的"怎样了解我自己"单元中，活动包括 8 个步骤：（1）教师讲述由于不了解自己造成不良后果的故事，以引起学习动机；（2）讨论了解自己的好处与重要性；（3）欣赏幻灯片"我是谁"，并讨论内容；（4）每位同学提出"我是谁"的问题，并自己说出 5 句话回答此问题；（5）每位同学就听到的答案中最感兴趣的（或最有疑问的）内容提出一个问题，问那个同学；（6）教师发给每位同学两张白纸，在一张纸中写出自己的优、缺点各 3 项，在另一张纸上写出班上 3 位同学的优点、缺点各 3 项；（7）师生共同讨论自己的看法与别人的看法是否一致，就别人对自己的误解加以澄清；（8）教师归纳说明了解自己的方法和如何自我检讨。

7. 活动总结与评价。活动总结是活动课程的重要组成部分，能促进小学生将新认识与感悟进一步升华；活动评价是结合不同的主题选择，设计不同的评估方法，收集相关的评估资料。

三、小学心理健康教育活动课程设计方案

小学心理健康教育活动课程设计方案一般包括主题、目标、设计思想、内容、形式、准备、程序、要求和总结，如表 5-1 所示。也有学者在小学心理健康教育活动课程设计分项中提出活动主题、活动理念阐释、活动准备、活动步骤、活动效果评价及参考资料六个方面。就其活动步骤而言，应考虑以下七个步骤：创设情境、心灵外化、情感体验、交流分享、重新调整、行为实践、泛化延伸。

表 5-1　小学心理健康教育活动课程设计方案

指导教师		活动主持人	
活动班级		学生人数	
活动时间		活动地点	
主题			
目标			
设计思想			
准备			
形式			
要求			
内容			
程序			
总结			

注：心理健康教育活动课程准备包括场地安排、人员安排、文具、仪器等；心理健康教育活动课程程序包括活动课程的每一个步骤、任务、时间分配、负责人等；心理健康教育活动课程要求包括纪律要求、操作规程要求、应变方案等。

小学心理健康教育活动课程设计方案中的指导教师、活动班级、活动时间、活动内

容、活动主持人、学生参与人数、活动地点的确定可依据学生年龄特点和活动目标、任务具体确定。

四、小学心理健康教育活动课程设计策略

(一) 以小学心理健康教育基本要求为依据

小学心理健康教育活动课程应该以小学生心理教育的基本要求为实施指南，有目的、有计划、有组织地开展心理健康教育活动。2012 年 12 月，教育部颁布的《中小学心理健康教育指导纲要（2012 年修订）》是我国中小学开展心理健康教育的指导性文件。所以，小学心理健康教育活动课程在设计开发和组织实施过程中应该按照《中小学心理健康教育指导纲要（2012 年修订）》规定的小学心理健康教育基本要求来操作，确保心理健康教育的正确方向，达到心理健康教育的真正目的，促进小学生的全面发展。

(二) 以小学生心理发展的年龄特点为基础

小学生的心理发展特点决定着小学心理健康教育活动课程的设计内容、活动形式。教师应该充分关注小学生随着年龄增长在认知发展、自我意识发展、情绪发展、意志品质发展和人际关系发展等方面呈现的心理特征，而且应该关注不同年龄阶段的小学生心理发展的年龄差异和同年龄阶段的小学生心理发展的性别差异。根据小学生个体的现有水平选择科学的活动策略，活动过程要循序渐进，对小学生个体所要达到的目标一步步地提升，让小学生在体验成功中寻求自我满足感和自我价值。

(三) 以相关心理学理论基础为背景知识，明确活动内涵

教师在进行心理健康教育活动课程设计时应该研究、分析活动特定主题的相关心理学理论，将这些知识经过处理后以比较通俗化、生活化的诠释形态出现，并渗透在活动设计和活动过程的始终。例如，某小学三年级有一堂心理健康教育活动课"变化莫测的情绪"，为了讲解"情绪"对我们生活的影响，首先，教师抛出问题：人有哪些情绪表现？小学生们非常踊跃地回答：激动、愉快、愤怒、轻松、惊讶、恐惧……其次，教师通过游戏让几位同学即兴表演，让其他同学猜测表演的是哪一种情绪。再次，通过模拟几个典型情景，如爸爸、妈妈吵架时孩子害怕的样子，考试没考好时情绪低落的样子，让学生了解到不良情绪给人们学习、生活带来的负面影响。最后，教师抛出问题：当我们心情不好时该怎么办？引导小学生进行讨论，并在小学生发言的基础上归纳出几个克服消极情绪的常见方法，如转移注意力、寻找朋友倾诉等。这堂活动课丝毫看不见抽象的"情绪"理论，但是让小学生们真切地感受到了什么是"情绪"。

(四) 以小学生关注的心理、生活焦点为出发点，科学地选择活动内容

心理健康教育活动课程内容选择，是与小学生的实际生活联系最密切，也是小学生最渴望得到解决的问题。例如，有的教师根据小学生考试前易紧张的毛病，设计了"放松助

你成功"一课；有的教师在"当你面对来自同伴的影响和压力"一课中设计的几个情境和问题都是小学生生活中经常遇到又觉得为难的。所以，教师在设计与实施心理健康教育活动课程时应该以小学生关注的心理、生活焦点为出发点，科学选择活动内容。

（五）充分利用环境资源，确保活动实效

教师在设计心理健康教育活动课程时必须充分利用环境资源：一方面，从班级、学校和社区的具体情况出发，兼顾文化、地域性环境的特殊情况，从而增加心理健康教育活动课程设计在学校与班级推进的可能性与实效性；另一方面，面对快速发展的社会变化，越来越有必要将这些因素纳入课程设计的考虑中，以确保心理健康教育活动课程设计保持最佳的实效性。

（六）设计方案清晰明了，具有可操作性

教师的设计方案要清晰明了，整个活动设计要突出系统性和可操作性。教师给小学生上心理健康活动课不是单纯地讲知识、讲大道理，而要在了解小学生现有水平的基础上，使小学生对教师所授内容有深刻的体验，接受一定的心理训练并且有一定的反思。这样，心理健康教育活动课程的预期目标才能够较好地实现。

第五节　小学生心理健康教育活动课程实施与评价

作为心理健康教育工作者，全面了解小学心理健康教育活动课程实施的基本环节与流程，掌握活动课程的评价标准是顺利、有效开展心理健康教育活动课程的必要条件。

一、小学心理健康教育活动课程实施

（一）小学心理健康教育活动课程实施的基本环节

虽然心理健康教育活动课程没有十分严格的活动结构，但是就一般而言，一堂完整的心理健康教育活动课主要包括以下环节：

1. 预热活动

心理健康教育活动课是心灵与心灵沟通的过程，为此必须营造安全、开放、轻松的气氛，让小学生进入一种放松、温暖的情绪状态，在活动中获取成长经验。有效的预热活动对保证心理健康教育活动顺利开展和取得成功是十分必要的。预热活动形式很多，如肢体运动、自我介绍等。

2. 创设情境

"活动"和"体验"是心理健康教育活动课最核心的两大因素。心理健康教育活动课不在于解决"知与不知"的问题，而是通过创设良好的心理情境，开展极富启发意义的活

动，造成小学生的认知冲突，唤醒小学生的体验，获取相应阶段的成长经验。所以挖掘"情"是心理健康教育活动课成功的关键。情的唤起是起始，情的体验是过程，情的升华是宗旨。创设心理情境应从以下三个方面入手：

（1）角色扮演：在活动中让小学生获得角色扮演的机会，在安全的心理情境中尝试新的经验和行为。

（2）保持挑战与支持的平衡：在活动过程中，支持策略可以让教师与小学生走得更近，可以安慰小学生受伤的心灵；而挑战策略则可以让小学生更加清楚地认识自己，激发他们解决问题的动机，学会自助。因此，教师应该保持挑战与支持的平衡。

（3）注意妥善安排多个活动与情境之间的次序，循序渐进、持续发展，突出整体效果。

3. 促进集体交流，共同分享经验

促进集体交流与分享是心理健康教育活动课的精彩之处。教师应充分利用集体的教育资源，让小学生在生生互动、师生互动中，形成自我改变的良性机制。集体活动后的分享是很重要的，它有引导小学生领悟及自我探索的作用。

4. 联系自我，引发领悟

心理健康教育活动是小学生的自我教育活动，它以他助—互助—自助为机制。通过集体交流活动，在真诚、理解、接纳和鼓励的态度面前，小学生倍感安全和自由，真诚面对与探索自己的内心世界。因此，教师应充分调动小学生自身资源，鼓励小学生进行深入的自我探索，而不是依靠教师的说教或社会规范的灌输。小学生在适度的自我开放中，通过在集体活动中进行自我检查、自我领悟、自我实践，促进自我成长。

5. 整合经验，促成行动

小学生的参与以及彼此间的回馈，使小学生能把别人以及在活动中获取的新经验与原有经验加以整合。在此基础上，教师应鼓励小学生采取行动和进行演练，以确保心理健康教育活动效果在知、情、行上的统一。

6. 提供反馈

在一个活动结束前提供师生之间、学生与学生之间的反馈机会，不但能强化活动效果，而且为延续下一堂活动课奠定了良好的基础。

7. 活动延伸

活动延伸是一堂完整的活动课的重要组成部分。教师应鼓励学生把活动课中领悟与演练的成果迁移到正常生活中，还应充分发挥"学校—家庭—社会"这一心理健康教育网络的支持作用。

8. 总结与评价

心理健康教育活动总结是心理健康教育活动取得预期教育效果的关键，教师应引导小学生将心理感悟予以升华和强化，不断激励自我、发展自我；而心理健康教育活动评价是促进活动自身改进和不断修正的机制，它也能引发新的设计思路。

(二) 小学心理健康教育活动课程实施的注意事项

为了提高小学心理健康教育活动课程的实施效果，我们应该注意以下五个方面的问题：

1. 淡化学科体系

心理健康教育活动课程不是心理学专业课，更不是以传授关于自信心的概念及理论知识为目的。它以相关心理学理论为背景知识，但这些知识并非以学科的直接理论和理论形态呈现在小学生面前的，而是渗透在活动设计和活动实施过程中。《中小学心理健康教育指导纲要（2012年修订)》指出，"心理健康教育要防止学科化的倾向，避免将其作为心理学知识的普及和心理学理论的教育"，避免就课程而设计课程，而应注意引导小学生心理、人格积极健康发展。

2. 建立和谐的师生关系

和谐的师生关系是心理健康教育活动课程成功的第一要素。活动目标的实现也必须以良好的师生关系为基础；整个教学过程必须以良好的师生关系为背景。建立充满信任、理解、安全、真诚、民主的师生关系是至关重要的。罗杰斯认为，师生关系的决定因素在于教师本身的态度特质，即共情、真诚、无条件积极关注。在心理健康教育活动课程实施过程中，应该说建立师生关系不是专门的一个环节，而是要渗透到实施的全过程。

3. 教会自我调适的技巧与方法

心理健康教育活动课程旨在教会小学生了解或掌握一些心理保健的方法和技巧，让小学生学会自我剖析、自我调适、自我疏导，甚至自我宣泄等，最终达到"助人自助"，这是心理健康教育活动课程所追求的最高境界。例如，在一堂"被误会时"心理健康教育活动课中，教师就和小学生一起总结了消除误会的几种方法：（1）主动进行解释，澄清事实；（2）寻求他人的帮助；（3）谅解、宽容别人，不予计较；（4）换位思考，设身处地为对方着想等。

4. 适时、适度地运用激励性手段

在心理健康教育活动课程中，应采取适切、激励的方式，可采用以下几种方法：（1）对不同的小学生要善于抓住他们各自的闪光点进行中肯的表扬；（2）采用口头和物质相结合的方法对小学生进行表扬；（3）采用个体和群体相结合的方法对小学生进行表扬；（4）适当地运用体态语言对小学生进行表扬。

5. 运用语言艺术

教师在心理健康教育活动课程中的语言技巧表现在以下方面：（1）教师要讲究语言的真实性、准确性、简洁性，切忌虚假、夸大、片面；（2）教师要讲究语言的情感性、生动性，切忌呆板、枯燥、乏味；（3）教师要讲究语言的针对性、新意性、幽默性，切忌无的放矢、言不得体、陈词滥调。总之，教师要针对小学生的年龄特点、心理特点，运用丰富的语言以增强其感染力。

二、小学心理健康教育活动课程评价

小学心理健康教育活动课程评价是指评价者判定心理健康教育活动课程优劣及实效的过程。课程评价是心理健康教育活动课程的重要组成部分。下面，我们从心理健康教育活动课程的起始评价、过程评价、终结评价和指标评价四个方面来进行阐述。

（一）起始评价

起始评价是在活动开始之前进行的教育心理评价。它的主要任务是评价小学生进入新的教学活动之前所具有的前提条件如何，包括对小学生能力、个性特点、各种优点和缺点、各种心理或行为问题类型等的识别。起始评价的目的是把握小学生所具有的不同学习准备状态，就能力、兴趣、性格和心理问题对小学生进行定性和定量的评估，然后制订相应的教学策略和教学方法。起始评价所得的资料既可作为活动设计参考，又可作为评价教学效果的依据，因为将活动开始时小学生的状况与结束时的状况相比较，就可以了解教学的有效性及其程度。起始评价的方法有许多，包括查阅小学生以往的记录、心理档案、教师对小学生的评价，以及采用各种心理测验方法把握小学生心理特点和心理行为问题等，这部分内容在前面有过论述，这里不再一一列举。

（二）过程评价

过程评价是在活动进行过程中实施的评价，其目的是收集有关小学生与教学活动的信息，从而为活动的调整提供及时的反馈信息。这里提供一个示范性的过程评价表（表5-2）。

表5-2　课堂气氛记录表（教师用）

年　　月　　日

主题内容	
课堂气氛	
学生间的相互反应	
偶发事件及处理	
教学效果评价	
教学建议	

教师签名：

（三）终结评价

终结评价通常指在一门课程结束或一个教学方案结束时所进行的结果评价。以下是一个示范性的终结评价表（表5-3）。

表 5-3　多教学方案结果评价表

成员行为		成员编号										总计	检讨与建议
		1	2	3	4	5	6	7	8	9	10		
抗拒行为	1. 行为偏差												
	2. 沉默退缩												
	3. 缺席												
	4. 自以为是 \ 自大												
	5. 吵闹 \ 不守秩序												
	6. 开玩笑												
	7. 管家婆												
操纵行为	8. 爱讲些无关话												
	9. 成为指责 \ 批评的目标												
	10. 依赖 \ 屈从于别人												
	11. 批评 \ 语言攻击												
协助行为	12. 倾听												
	13. 遵照指示活动												
	14. 领导												
	15. 自我开放												
情绪行为	16. 守密												
	17. 发泄否定行为												
	18. 肢体攻击												
	19. 哭泣												
	20. 情绪激动												
动作化行为													
检讨与建议													

（四）指标评价

指标评价是指按照一定的评价指标体系，对评价等级内容进行等级评定的过程。以下是上海师范大学吴红梅设计的心理健康辅导活动课课堂教学评价标准（表表 5-4、表 5-5）。

表5-4 心理健康辅导活动课课堂教学评价标准（供一至三年级学生评价用）

指标体系	指标权重	评定标准	
		等级内容	评定等级
1. 喜欢教学内容方面	.1885	①因为心理健康辅导活动课本身；②因为符合你的兴趣；③因为使你开心\放松；④因为对你学习\生活有帮助	
2. 内容新颖\丰富方面	.1863	①内容充满趣味性；②内容富有新鲜感；③内容较多；④内容有吸引力	
3. 心理健康辅导活动课内容的应用方面	.1704	①课后复习心理健康辅导课内容；②更口喜欢你的学校生活；③使你的心情更加舒畅；④对你的学习有促进	
4. 课堂气氛轻松\愉快方面	.1654	①教师平等对待每个学生；②教师安排有趣的游戏活动；③教师让每个学生都有参与主题活动的机会；④课堂气氛有利于你的心理调节和成长	
5. 教师和蔼可亲方面	.1622	①教师表情自然\面带微笑；②教师语气温和，富有感情；③教师参与学生游戏活动；④教师愿意让学生知道自己的想法	
6. 学生参与活动机会方面	.1272	①很多（A）；②较多（B）；③还可以（C）；④很少（D）	

表5-5 心理健康辅导活动课课堂教学评价标准（教师自评和互评）

指标体系	指标权重	评定标准	
		等级内容	评定等级
1. 主题切合学生需要方面	.1349	①辅导目标贴近主题；②主题是学生成长中可能遇到的问题；③主题是多数学生面临的共同问题；④主题具有现实意义，适应时代需要	
2. 选材切题、丰富方面	.1334	①选材与辅导目标吻合；②选材切合主题；③选材内容丰富，形式多样；④选材新颖，有一定创意	
3. 教学设计、教具准备方面	.1382	①教学设计、教具准备围绕辅导目标展开；②教学设计以主题活动为主线；③媒体与辅导材料切合学生的年龄特征；④媒体与辅导材料保证教学的有效实施	
4. 教态、教学语言方面	.1508	①教态自然；②教态亲切，具有较强的亲和力；③教学语言通俗易懂；④教学语言有一定的艺术性和创造性	
5. 情境创设方面	.1447	①情境创设有助于辅导目标的达成；②情境创设与主题的适合性；③情境创设能符合学生的即时实际；④情境创设能引起学生共鸣	
6. 学生参与主题活动方面	.1405	①绝大部分学生参与（A）；②大部分人参与（B）；③一半人参与（C）；④少数人参与（D）	
7. 调控课堂气氛方面	.1565	①根据辅导目标调控课堂气氛；②根据主题活动调控课堂气氛；③根据课堂即时情况调控课堂气氛；④课堂气氛调控恰到好处，效果良好	

综合我国学者对心理健康教育活动课程评价的研究，其研究内容主要体现在以下几个方面：

1. 班级方面

班级活动目标是否达到预期目标，是否形成对某些问题的共识，班级工作和氛围是否有所改善，班级凝聚力是否有了增强，小学生对班集体的认同感、关爱性、满意度如何等。

2. 学生方面

小学生对班级心理健康教育活动课程是否主动参与；参与者心理素质是否有所改变和提升；小学生自我认识和自我控制能力，同伴、师生交往能力是否有了提高。可以通过小学生体验、汇报、作品和心理观察测试以及问卷、交谈和角色扮演等方法来评估。

3. 活动设计方面

从活动设计的质量和效果来评价，活动目标是否符合小学生的年龄特点和实际需要；活动过程是否调动了小学生的主动性、积极性和参与度；活动情境是否生动、活泼、有趣、有实效、受欢迎。

4. 教师方面

从设计目标、内容到组织、管理及实施全过程是否有效；教师的设计理念、教师的智慧和组织能力，是否具有创新性；教师采用的方法是否符合小学生的实际，教师设计的活动是否促进了小学生身心健康、和谐发展。

思 考 题

1. 简述家庭教育对小学生心理健康的影响。
2. 小学生心理健康教育网络是如何构建的？
3. 在小学开展心理健康教育活动课程有何重要意义？
4. 简述小学生心理健康教育活动的课程设计。

第六章 小学生心理健康教育的途径与形式

本章导读▶ ···

1. 了解实施小学心理健康教育的基本途径。

2. 掌握进行个别咨询和团体辅导的基本方法和要求，能应用小学心理健康教育各种形式进行心理健康教育。

随着时代的变革，体制的更新，社会生活节奏的急速加快，人们的心理承受与以往迥然不同，受社会的影响，受成人的影响，小学生的心理也日趋复杂化。小学生中不乏心理扭曲现象者，如残缺家庭子女无所依赖而感到恐慌失落等。鉴于以上问题，本章给出了解决这些问题的途径与方式。

第一节 小学生心理健康教育的渗透途径

小学心理健康教育要进入全面渗透层面，才算真正落到了实处。全面渗透就是要让学校每一个教育者都参与到心理健康教育中，包括学校的管理者、班主任，任课教师和教辅工作者。学校心理健康教育是一个系统工程，必须调动各方面的力量为学生创造良好的心理发展环境。这就要求必须将心理健康教育全面渗透在学校教育教学的全过程中，必须把全面渗透作为心理健康教育的一条主要途径。所谓全面渗透就是将心理健康教育有机地融入学校工作的方方面面，包括学校各项教育活动、学科教学、班主任工作，以及校园文化建设等。

一、全面渗透的重要性

（一）全面渗透是学校心理健康教育最有效的途径

学校心理健康教育是根据学生的身心发展特点，运用有关心理健康教育方法和手段培养学生良好的心理素质，促进学生身心全面和谐发展和素质全面提高的教育活动。这种教育活动涉及的因素很多，涉及的面很广，必须渗透到学校教育的全过程，而不只是依靠教育者的说教和社会规范的灌输就能奏效的，也不只是依靠开展心理健康教育课就能达到目的的。心理健康教育课有时间、地点的局限性，它不具有"渗透教育"这种全方位、全过程、多渠道、日常性、潜移默化性等教育特点与功能。所以，它不能代替教育教学渗透心理健康教育这一主要途径。

心理健康教育更不是心理咨询能单独承担的。心理咨询针对的是少数具有心理困扰或心理障碍的学生，而心理健康教育面对的重点不是个别咨询和治疗的对象，而是全体学生，其目的在于增强学生认识自己、调控自己、承受挫折、适应环境的能力，促进全体学生健康成长。

（二）全面渗透有助于巩固心理健康课和心理咨询的效果

没有学校的各项工作及各位教育工作者的一致配合，心理健康课和心理咨询的效果也难以巩固。通过心理辅导或心理咨询获得宣泄和调节的学生，还需要周围其他人的支持，才能真正恢复自信，彻底走出心理困扰的阴影。例如，一名有学习障碍的学生，通过心理辅导得到了调节，并做好了重新投入学习的准备，但回到班级，班主任或任课教师仍然以其为"后进生"冷眼相待，甚至出言不逊，挖苦讽刺他。这不仅会使前面心理咨询者或心理辅导的努力付诸东流，还会使他的心理问题进一步恶化。毫无疑问，一所学校能否形成有利于学生心理健康的环境对学校今后的教育教学发展情况具有举足轻重的作用。

二、全面渗透的途径和形式

（一）学科教学中的渗透

学科渗透是指教师在课堂教学中自觉应用心理学的理论与技术，帮助学生在学习学科知识的同时，提高认知、情感、行为水平，从而达到心理健康教育目的的教育活动。

1. 学科渗透的必要性

小学心理健康教育进入到"学科渗透"层面，对所有任课教师的心理健康教育知识和技能提出了很高的要求。尽管由于种种原因，目前能达到这一要求的教师数量还不很多，但心理健康教育只有进入到"学科渗透"层面时，小学心理健康教育才算真正落到了实处。一般认为，小学心理健康教育之所以要通过学科渗透的途径，主要有以下原因：

第一，从教育时空层面来说，各科的课堂教学是学生和教师占据时空最多的场所。学生知识的获得、技能的掌握、智能的培养、心理的发展，绝大部分是在这一特定时空中完成的。如果忽略了这一时空，就等于放弃了小学心理健康教育最主要的场所。

第二，从教育资源层面来说，各科教学本身就包含了十分丰富的心理健康教育资源，无论是工具课、人文课，还是自然课、技能课都有许多显性的或隐性的心理健康教育的内容可资利用。如果将这一资源白白流失，不仅从教育经济学的角度来看是不合理的，而且所进行的心理健康教育也是不完全的。

第三，从教育队伍层面来说，学科渗透可以让更多的教师参与心理健康教育，有利于在学校中营造促进学生心理健康的环境氛围。小学心理健康教育工作如果单靠心理健康教育教师开展，则难免会孤掌难鸣，势单力薄。学科渗透是一种全员性的策略。教师的职责是教书育人，育人的一项重要内容是育心。从这个意义上说，每个小学教师都应该是心理健康教育工作者，都应该自觉地充当学生的心理保健医生。

第四，从心理学学科本身层面来说，学科渗透为心理学理论在课堂教学中的应用开辟了一个广阔的领域。

第五，从教师层面来说，学科渗透可以促使更多的教师学习心理学理论，运用心理学理论，提高其理论素养和教学能力。

2. 学科渗透的途径和形式

（1）心理健康教育向学科教学目标的渗透

基础教育课程改革提出，学科教学的目标不仅仅是知识，还应该包括能力、过程、方法、情感、态度、价值观。正是要求任何一门学科课程的目标都应同时反映学生的心理层面，这样才能形成完整的目标体系。一方面，学科内容传递的过程以人的心理发展为基础，服从心理规律，使学科内容心理化，这是解决教育过程中学生与课程矛盾问题的正确策略；另一方面，学科内容的传递是着眼于学生整体发展的，即掌握知识和技能、发展能力、完善人格是相互交融、并行不悖的，正是在这一意义上体现了心理健康教育学科渗透的教育价值。传统的学科教学强调社会本位和知识本位，要求学生适应教学，忽视学生心理发展与主观需求；而学科课程中渗透心理健康教育则更强调学生的主体地位与主体需要，教学要适应学生的发展，促进学生潜能的开发和创造性的培养。

（2）心理健康教育向学科教学内容的渗透

小学课程中蕴含着十分丰富的心理健康教育素材，在教学中，通过挖掘教材本身的有关心理健康教育的内容，可以使心理健康教育与教学内容有机结合，相互渗透。例如，通过数学教学可以训练学生良好的思维品质，培养学生严谨的科学态度；语文课教学中通过选择典型的内容，可以开发训练学生的形象思维和想象能力，陶冶学生的情操；通过音乐、美术教学可以培养学生感受美、鉴赏美、创造美的审美心理，丰富学生的想象力；通过体育教学，可以对学生进行意志品质的训练，培养学生勇敢、坚韧、竞争与协作的精神等等。

（3）心理健康教育向学科教学过程的渗透

心理健康教育向学科教学过程的渗透集中反映在学科课堂心理环境的创设与优化上。在课堂教学中通过改善课堂教学心理环境，使学生既能有效掌握学科知识和提高能力，又能发展良好的个性和提高心理素质。

（4）心理健康教育向学科课程评价的渗透

心理健康教育向学科课程评价的渗透也就意味着在评价中要兼顾学生心理发展的各个方面，尊重学生心理发展的个别差异，确立课程评价的心理指标，从而促进学生全面、健康地发展。除了知识掌握评价外，还要评价学生能力的发展、过程与方法的掌握以及情感、态度、价值观的形成。

（二）学校各类活动中的渗透

通过精心组织的各种教育活动等，在发挥学生的主动性、积极性、创造性的同时，结合心理学的原理、方法和技术，也能促进学生的心理发展。如通过晨会、升旗仪式等活动培养学生的爱国主义情感、责任感、自尊感等高级社会情感；通过形式多样的班团队活动培养学生谦虚、进取、自尊、自爱、自勉、自信、团结协作、互谅互让等人格特质以及自我管理和相互交往的能力；通过早操、课间操和其他体育锻炼，在增强学生体质的同时，培养其生动活泼、百折不挠、奋发向上等心理品质；通过科技文体活动培养学生求知欲，发展各种特殊能力；通过组织学生参加各种社会实践活动，培养学生的社会责任感并相应形成分析综合能力、社会适应能力等；通过学校组织的读书节、科技节、艺术节、远足等发展学生的知、情、意、行等各种良好的心理品质。

（三）班主任工作及班级管理中的渗透

班级、少先队活动和班主任工作是促进学生全面发展的重要教育途径，在这些活动中，也可以渗透心理健康教育。班级是学校的基本组成单位，班级活动的目的是要创建一个良好的班集体，营造和谐的班级气氛，使学生在集体生活中塑造良好个性，培养高尚的品德，提高社会适应能力。丰富多彩的班集体活动，如各种竞赛、班级间的联谊活动、集体劳动、外出旅游等，只要有意识地把这些活动和学生心理健康教育的内容联系起来，就可以在这些活动中陶冶学生的情操，磨练其意志，锻炼其生活和社会适应能力。心理健康教育也可以渗透到少先队活动中，如有的学校利用少先队的电视台、通讯社和其他各种宣传工具，如板报、广播等，采用专栏的形式指导学生如何与人交往，如何控制自己的情绪，产生心理与行为问题时如何寻求帮助等。形式多样的少先队活动，如"手拉手献爱心""大队干部竞选""主题队会"等，深受学生的喜爱。同时，在这些活动中，学生思维活跃，不仅学会了与人合作，锻炼了自己的能力，也抑制了不良的心态，达到了提高心理健康水平的目的。班主任和辅导员的日常工作对学生的品德和心理发展有十分重要的作用，其工作的核心在于创设有利于学生心理健康发展的班级环境。因此，班主任在日常工作中应注重对学生的心理健康教育，要用教育心理学和发展心理学的理论来指导自己的教育教学工作，促进学生心理的健康发展。

三、实施全面渗透对学校全员的要求

要将心理健康教育渗透到小学教育的全部工作中，这就必然要求学校全体教职员工必须参与到心理健康教育中，同时也对学校全体教职员工提出了更高的要求。由于学校各工作岗位在心理健康教育中发挥的作用不同，所以要求也不同。

学校管理者是全面渗透的领导和主要实施者。应该通过自觉学习，参加短期培训、参观、考察等更新自己的观念，树立全面的素质观，系统了解学校心理健康教育的工作思路和工作模式。要将学生心理素质发展水平作为考核工作业绩的重要指标，以增强切实开展心理健康教育的决心和动力。

专职教师是学校心理健康教育的中坚力量。他们在宏观上要协助领导制定学校心理健康教育规划和实施计划，从维护学生心理健康的角度为学校各项管理和教育工作提供专业参考和指导，在教学工作中帮助有关教师按照心理健康的要求设计和改进教育教学工作，为个别需要特殊指导的学生提供专业服务等。因此，专职教师必须系统学习心理与教育科学有关理论，充分认识儿童身心发展的特点与规律，掌握心理辅导与行为矫正的相关技术、心理健康教育的原则、途径、方法等。

学科教师是心理健康教育学科渗透的具体实施者。教育主管部门应将心理健康教育作为继续教育的重要内容纳入师资培训计划，同时积极构建全面的教师心理健康教育工作培训系统。在现有的教师中培训一批骨干教师，通过组织短期培训、讲座、参观访学、骨干教师示范、经验交流等，引导教师认真学习和掌握有关的心理学理论与方法，反思自己教育教学行为的恰当性，树立在教育教学中自觉维护学生心理健康的意识。同时要求教师在教育教学过程中将一般规律的认识具体化，悉心了解每个学生的独特性，给予他们及时、具体的帮助，并知道在什么地方及如何使他们得到帮助；懂得挖掘教材和班级活动中心理健康教育内容、充分利用教育教学资源进行心理健康教育。

有人讲，教师自身心理不健康，就会如同传染病一样，很快传染给学生。教师的心态和言行对学生有很大影响，尤其是对低年级学生。因此，小学心理健康教育的渗透途径要求全体员工要具备良好的适应能力，保持心理健康，为学生做好表率。

第二节　小学生心理健康教育的支持途径

小学心理健康教育的支持途径是指利用其他教育力量，建立支持性的环境，维护学生心理健康。支持途径主要包括家校合作、环境陶冶及社区合作。鉴于我国社区发展尚不完善，在此仅对前两条途径进行详细介绍。

一、家校合作

家校合作，就是围绕学生健康成长这一目标，以学校为主体，家庭和学校共同努力，协调好系统之间、各要素之间，以及系统与环境之间的关系，形成一种协调、同步、互补的关系，实现教育效果的最优化。

心理学家认为，小学生许多心理行为问题、心理障碍与行为异常本身就来源于消极的早期经验或成人的错误指导。家庭是小学生首要的及最重要的成长环境，只要与家长通力合作，就能及早发现、早干预和指导，有效避免心理问题的发生，维护的孩子心理健康。

（一）家庭对孩子心理健康的影响

1. 家庭结构

家庭结构是指家庭中的人员组成。由于家庭规模和组成家庭的成员不尽相同，家庭又可分为不同的类型，如：由一夫一妻，或由父母与未成年子女组成的核心家庭；由祖父母、父母和子女三代同堂组成的主干家庭；除了主干家庭成员之外，还有其他家庭成员的扩大家庭。对于家庭结构的完整性与儿童心理健康的关系，曾经有过不少研究。多数研究发现，家庭结构完整且气氛和谐的家庭，有利于儿童心理健康的成长，而破裂家庭或父母不和谐，经常争吵，以及单亲家庭，对儿童身心健康成长明显有不利的影响，容易使儿童产生躯体疾病，同时心理障碍的发生率也较高。如今离婚率的上升，直接导致单亲家庭儿童大幅增加，单亲家庭儿童是一个不容忽视的群体，并引起了社会各界人士的广泛关注。单亲家庭儿童不一定都存在心理健康、人格障碍等方面的问题，但他们中间存在心理健康问题的人较多。在一个不完整的家庭中，孩子很难享受充分的父爱和母爱，这种基本心理需要的缺失，很容易使儿童在心理发展上形成明显的障碍。前苏联调查发现，54.7%的违法犯罪少年不是缺父就是缺母；日本的调查也表明，青少年违法犯罪者中父母离丧的比例为50%；瑞典的有关机构对6.5万名单亲家庭儿童的调查显示，单亲家庭儿童除了患抑郁症的可能性比一般家庭的儿童高外，更易染上酗酒和吸毒的恶习，此外，还时常发生自残和自杀等行为。单亲家庭对子女心理健康的影响主要是通过父母教养方式和离婚前的各种"战争"来起作用的。研究发现，单亲子女都较少地体验到其父亲或母亲的情感温暖和理解。当父母感情破裂的时候，相互之间的各种"冷战""热战"会给子女以强烈的刺激，使其受惊吓、紧张、恐怖、不知所措，导致思想、行为、精神状态反常。很多生活在破裂家庭中的儿童呆板、忧郁、孤僻、伤感、自卑，甚至出现严重的生理疾病。这些情况说明，家庭的完整性对孩子的心理健康发展具有重要的影响作用。

由于各种各样的原因，中国目前还存在较多的主干家庭，是世界上为数不多的存在隔代教养的国家。2004年《新闻周刊》报道了在全国范围内进行的关于隔代教养的调查，结果显示：中国近一半的孩子是跟着爷爷、奶奶、外公、外婆长大的，这种现象不仅存在于农村，也存在于许多的城市。在北京，有70%左右的孩子接受着隔代教育；而上海，目前0~6岁孩子中有50%~60%由祖辈教育；广州接受隔代教育的孩子则占到总数的一半。这就意味着，隔代教养已渐渐成为我国家庭教养的主要形态。

大多数研究者认为隔代教养弊大于利。具体表现为老人由于年龄及心理退化等原因，容易过分溺爱孩子，导致孩子产生怪异的想法与言行，以及人格偏离，暴力倾向的加剧。孩子一切以自我为中心，自私，孤僻，不善社交，不合群，合作精神差；懒惰，娇气，磨蹭，缺乏朝气；没有理解能力，意志薄弱，缺乏自信、自主、自强，缺乏独立人格。隔代教养下的孩子，其行为控制力，卫生习惯等普遍较差；心灵孤独，感情特别脆弱；性格倔强，遇事争强好胜，不讲理不服输；集体观念淡漠；缺乏正确的学习目的。

2. 父母教养方式

父母的教养方式对个体的心理发育、人格的形成、归因方式及心理防御能力等都有着极其重要的影响。已有研究表明，父母不良的教养方式对青少年心理健康水平有显著的消极影响。父母的教养方式是影响儿童心理健康发展的重要因素，有关调查表明，父母在教育中表现出态度不一致、压力过大、歧视、打骂或者冷漠等特点时，儿童常常会表现出更多的心理健康问题。2001年浙江省金华市高中生徐某用锤子把母亲活活砸死的恶性事件，应能给广大家长敲响一记警钟：在教育儿童的时候，千万不要忽略儿童的心理感受。

一般研究者把家庭的教养方式分成三类，不同的教养方式对儿童的人格特征具有不同的影响。第一类是权威型教养方式，采用这种方式的父母在子女的教育中表现得过于支配，儿童的一切都是由父母来控制的，在这种环境下长大的儿童容易形成消极、被动、依赖、服从、懦弱，甚至不诚实的人格特征。第二类是放纵型教养方式，采用这种方式的父母对儿童过于溺爱，让儿童随心所欲，对儿童的教育有时达到失控的状态。在这种家庭环境中成长的儿童多表现为任性、幼稚、自私、野蛮、无礼、独立性差、唯我独尊、蛮横无理、胡闹等。第三类是民主型教养方式，父母与儿童在家庭中处于一种平等和谐的氛围中，父母尊重儿童，给儿童一定的自主权和积极正确的指导。父母的这种教育方式使儿童能形成一些积极的人格品质，如活泼、快乐、直爽、自立、彬彬有礼、善于交往、富于合作、思想活跃等。研究也发现，在这种民主、尊重的教养方式下，儿童行为问题的发生率显著偏低。此外，研究发现，多动—冲动儿童的父母对他们的教养缺乏情感和理解，而多以惩罚、严厉、拒绝、否认等不良的教养方式管教儿童；在探讨教养方式与神经症关系时有研究发现，不良的教养方式，如拒绝、偏爱及过度保护等易使子女患神经症。

3. 家庭环境

家庭环境是指家庭的物质生活条件、社会地位、家庭成员之间的关系，以及家庭成员的语言、行为和感情的总和，包括实物环境、语言环境、心理环境和人际环境。实物环境是指家庭中实物的摆设；语言环境是指家庭中人与人的语言是否文明礼貌，是否体现民主平等；人际环境是指尊老爱幼、各尽其责等；心理环境是指父母与子女之间的态度及情感交流的状态。家庭环境的好坏直接影响孩子的心理健康。

探讨家庭环境对儿童心理健康的影响，多集中于家庭心理环境和家庭心理气氛对儿童心理健康的影响。实际上，家庭物理环境对儿童的心理健康也有影响。例如，居住条件的好坏与儿童的学习和休息的质量不无关系，也影响着儿童的身心发展。如果儿童有一个属于他们自己的小天地，哪怕只是一个抽屉、一张书桌或一个角落，则有助于培养儿童自主自立，发展儿童的独立人格。而且，儿童有自己的独立空间，还可以充分地满足儿童的兴趣、爱好，有利于儿童个性的培养和发展。家庭居室应保持整洁美观，这有利于养成儿童爱清洁、有条理的好习惯，对于陶冶情操、培养美感也有潜移默化的作用。

家庭心理气氛是影响儿童心理健康的另外一项重要因素，家庭心理气氛主要是由家庭内部的人际关系状况决定的。在家庭中占主导地位的人际关系有两方面，一是亲子关系的状况，二是夫妻关系的状况。家庭气氛是否融洽和谐，直接关系着家庭幸福，对孩子的成长发展特别是心理健康状况起着至关重要的作用。有调查表明，在气氛和谐的家庭里生活的儿童表现出有自信心、情感丰富和互相友爱，在气氛不和谐的家庭里生活的儿童由于情绪时常处于紧张状态，从而严重影响心理健康。由于社会竞争激烈，风险系数增大，父母在外面的世界经受了较之过去要大得多的压力、困扰与挫折，家庭往往成为其宣泄的场所，因此家庭气氛的和谐程度下降；同时由于不少父母尤其是从事经商或个体企业等行业的父母，终日忙于外面的工作，将子女交给别人看管，这同样大大减少了家庭气氛的温馨。由于夫妻关系紧张而造成的恶劣的家庭气氛，常常会成为妨碍儿童健康发展的最重要的原因之一。在夫妇间经常发生矛盾冲突的情况下，儿童从与家人相处中得到的只是反面经验：他感受到的是父母之间那种互相敌视的、不和睦的关系，他会变得不相信人与人之间能够存在友好的关系。他会过早地对人与人之间的一切关系感到悲观失望，因而也就不会去吸取同他人共事与合作的正面经验。这对儿童的人格发展会造成极大的负面影响，有时甚至是伴随终生的影响。有研究表明，儿童行为问题的发生与其家庭环境的亲密度和矛盾性有显著相关。亲密度差和矛盾多的家庭更容易导致儿童行为问题的发生。

亲子关系方面的问题也是影响孩子心理健康发展的重要因素。在影响亲子关系的各种因素中，最主要的是家长的教育态度和方式的不当。如家长的过分严厉、要求过高，甚至简单粗暴、经常打骂，对孩子歧视、忽略、冷漠，要求不一致，缺乏理解与沟通，经常贬低、挫伤孩子的自尊心等。这些错误的教育方式带给孩子的除了过大的压力和精神负担外，还有一系列因基本的心理需要无法满足而产生的消极情绪，如烦恼、焦躁、恐惧、压抑等。这些消极的情绪如果长期不能排解，就可能导致各种精神疾病。

亲子沟通状况对儿童的心理健康状况也有影响。目前，较为一致的结论是父母与青少年之间的沟通是与青少年的社会适应相联系的。有研究者把亲子沟通区分为"良好的沟通"和"有问题的沟通"，结果发现，良好沟通与青少年的自尊、心理健康呈正相关，而与青少年的孤独、抑郁呈负相关。

家长对孩子的心理健康的影响除了通过"言传"之外，更重要的是通过"身教"，即通过儿童模仿的心理机制发生作用。模仿是小学生心理的一个显著特点。一般来说，家长通常都具有作为模仿榜样的全部特点，正在成长中的儿童正是按照这些榜样来检验和调整自我意识和行为倾向的。美国心理学家班杜拉和麦克唐纳也通过实验证明，儿童社会行为的成熟模式的学习受儿童可用的榜样的影响多于强化方面的影响，换言之，儿童更倾向于注意成人做什么而不注意成人在说什么。因此，作为家庭中的权威人物的家长能够给孩子提供什么样的榜样，会直接影响孩子的心理健康。家长的品格、行为等都直接影响子女的成长。如果一个儿童生活在批评之中，他就学会了谴责；如果一个儿童生活在敌意之中，他就学会了争斗；如果一个儿童生活在恐惧之中，他就学会了忧虑；如果一个儿童生活在怜悯之中，他就学会了自责；如果一个儿童生活在讽刺之中，他就学会了自卑。反之，如果一个儿童生活在鼓励、忍耐、表扬、接受、认可、诚实、安全和友爱之中，他就学会了自信、耐心、感激、自爱、相信自己和周围的人，他就会以良好的心理品质从事学习与生活。

（二）家校合作开展心理健康教育的目标

1. 总目标

家校合作开展心理健康教育的总目标是通过家校合作，实现双向学习，提高教育者的素质，统一培养目标，创设良好的成长环境，促进学生身心健康发展。

家校合作给家长们提供了一个重要的学习机会，而教师在家校合作中也可以向家长了解学生的成长历程和家庭背景，全面、客观地认识学生，便于更好地选择适合学生的教育方法。通过家校合作，有利于父母和老师保持沟通顺畅，统一培养目标，形成教育合力，为学生身心健康发展提供有利的环境条件。

2. 学校在合作中的目标

在家校合作中，学校和教师要帮助家长强化家庭心理健康教育的责任意识；引导家长了解儿童心理发展的一般规律；帮助家长掌握家庭心理健康教育的要求和实施方法；帮助家长不断提高自己的心理健康水平。

3. 家庭在合作中的目标和任务

家长要积极参与学校组织的相关学习和活动，配合学校积极创造条件，促进孩子身心发展。及时发现家庭教育或孩子身上存在的问题，主动与学校老师沟通并采取有效措施，确保孩子健康成长。

（三）家校合作的途径与形式

1. 充分发挥家长学校的作用

许多小学都有家长学校，学校要通过家长学校引导家长更好地了解儿童成长的历程，理解家庭在孩子成长过程中的重要作用，理解家庭结构、教养方式和环境对儿童身心发展的影响，帮助家长加强亲子之间的交流，帮助家长认识一般家庭在不同阶段容易发生的危机和预防措施，明确家长、孩子在家庭和社会中的角色，转变教育观念，提高教育能力。以便与学校教育形成合力，共同维护学生心理健康。

（1）培训教师专业化。要让家长和学校充分发挥引导家庭心理健康教育的作用，必须有一支业务素质过硬的专业教师队伍。为此，除了专职心理健康教师本人要精通发展心理学、教育心理学、家庭教育学等专业知识外，有必要聘请校外专家（尤其是高校心理专家）担任家长学校的兼职教师，也要注意利用现有的家长资源，聘请熟悉儿童心理和教育的家长担任兼职教师。

（2）培训内容时效化。因时、因地、因势安排适当的培训内容。家长学校的培训内容必须选择符合学生的年龄特点，贴近本地、本校学生当前心理生活热点、焦点和难点的问题作为教育材料。如新生入学时，应从幼儿园到小学的衔接，良好学习习惯的养成，如何正确对待学生的考试成绩等方面选择内容；中年级可从学习兴趣的激发、自我意识的发展与培养、良好亲子关系的建立等方面选择教学内容；高年级则主要从青春期儿童心理特点与心理卫生、小学到初中的衔接等方面选择内容。除根据学生的年龄特征和学校心理健康计划的要求设计内容外，还需要了解家长的现实需求，据此安排内容才能收到效果。可以通过与家长、班主任、学科教师交流，或者通过文献资料、报纸、电视、网络等渠道了解学生与家长关心的热点问题，或通过问卷调查、心理信箱、电子邮件等来了解家长的心理需要和兴趣。

（3）培训方式多样化。为了达到效果的最优化，讲座无疑是帮助家长获得家庭心理健康教育知识的最佳形式。除此之外，心理健康教育指导手册也不失为一种好的手段。小学的心理健康教师可以将每次讲座的精华内容以及一些成功的案例汇编成《家庭心理健康教育指导手册》，作为家长学校的阅读材料提供给家长，这样也可以防止个别家长因各种原因不能参加家长学校活动而导致相关素质缺失。另外还可以在家长学校开展活动期间聘请心理咨询人员到校为家长学生进行现场咨询，满足个别家庭的特殊需要。也可以举办经验交流会，搭建好家长们分享家庭心理健康教育成功经验的平台。

（4）培训对象全员化。家庭是一个系统，每一个成员都在这个系统中占有特定的位置，发挥着特定的功能，系统中的每一个成员都对其他成员的心理健康发生着作用。因此，家长学校的培训对象不应该仅限于父亲或母亲，而应该覆盖到家庭中的所有成年人，尤其是隔代教养家庭中的（外）祖父母。

2. 运用科技力量以网络信息为平台，构建家校互动的支持系统

网络环境下的家校互动平台超越了实际的时空限制，让学校与家长的信息交流更顺畅、更及时、更全面、更深入。心理健康教师可以通过校园网或个人博客，建立"成长的烦恼""好关系胜过好教育""特殊求助""亲子共读"等栏目，并定期更新，弥补传统家校合作的弊端，积极带动家长的参与性，进行深层次无障碍的交流，促进家校合作，提高教育效果。还可以开通网络在线咨询或留言本，由心理健康专职教师或外聘专家担任咨询人员，为家长提供及时而专业的服务，保证心理健康教育在家庭中得到落实。

二、环境陶冶

环境是指人生活在其中并受其影响的一切外部条件的综合。这里所说的外部条件的综合，既包括人赖以生存的自然条件的综合，也包括人生活于其中的各种社会条件、社会关系、社会意识形态等的综合。前者称为自然环境，它是人类生存和发展的基础；后者称为社会环境，它决定着人的社会化程度，决定着人身心发展的内容、方向和水平。

人总是生活在一定的环境之中，因此，环境对人的影响是无时无处不在的。我国古代学者墨子说："染于苍则苍，染于黄则黄，所入者变，其色亦变"，正是从人与环境的关系谈论环境对人成长的影响。

人是一个身心统一体。从这个意义上说，环境对人的身体健康和心理健康都要发生影响。从学生所处的环境的组织形式来看，环境有社会环境、家庭环境和学校环境之分。对小学心理健康教师而言，更多的是通过优化学校环境的方法来对学生进行学校心理健康教育。

（一）环境对小学生心理健康的影响

世界卫生组织专家委员会曾经强调指出："与人生命的其他时期相比，儿童时期的心

理健康问题与周围环境有着更为直接的关系。在这方面，在人的一生中占据重要位置的学校，在其心理健康的形成和发展中起着十分重要的作用。"确实，学校环境是儿童学习和活动的主要场所：一个小学生一年约有四分之一的时间在学校度过，小学阶段又是个体成长发育的关键时期，因此，学校环境对儿童心理健康的重要性就显得更为突出。

学校物理环境是学校教育工作赖以进行的物质基础，是学校生活的一种物质载体。这种物质基础如果能够得以优化，能够对学生产生积极的影响，反之，如果物理环境不能尽如人意，就会对学生的心理健康产生不良影响。以班级规模为例，班级规模是指班级内学生人数，它与教学空间密度相关。班级规模过大，意味着造成拥挤。社会心理学的研究表明，过分拥挤会给人的生理和心理造成损害，人们由于刺激过量和失去个人自由，常会表现得烦躁不安、好斗、富于攻击性，心理上产生无助感和压抑感，并由于过分紧张而容易诱发各种疾病。法国学者的研究表明，在法国如果每户的人均居住面积在 $8 \sim 10m^2$ 以下，就会使社会和心理病症增加两倍。另一些实验也表明，在拥挤的情况下，常会使一些具有黏液质、抑郁质和性格内向的人出现社交困难，表现出孤僻、缺乏激情、缄默不语、言语苛刻、敌视他人、丧失同情心等。

心理环境是由许多无形的社会、心理因素构成的一个复杂的环境系统。尽管与物质环境相比，心理环境是看不见、摸不着的，但它对学生的心理活动，乃至对整个学校的教育、教学活动，都有着不可忽视的巨大的潜在影响力。在目前小学物质环境不可能得到彻底改善的情况下，如果以学校心理环境建设为突破口，注重良好师生关系的形成和勤奋好学、积极进取的校风、班风的建设，注重挖掘和利用一切有利于学生心理健康发展的积极心理环境因素，就有可能在学校内部形成强大的凝聚力，激发起师生高度的学习、工作热情，从而有效地促进学校心理健康教育取得最佳效果。从反面看，目前我国学校心理环境状况堪忧。校园暴力、心理虐待、师生代沟等问题，时时困扰着学校的正常教学与生活。长期在学校环境中进行几乎封闭式学习的学生，由于不能从学校心理环境中汲取有益的心理营养，因而形成了自私、冷酷、残忍、内向、孤僻、自我过分膨胀、自尊过分强烈、挫折承受力极低等心理畸变。这种所谓"校园人格"往往是使一些小学生因为一件小事或偶然的不顺心而背上沉重的心理包袱，甚至置法律、道德于不顾，走上犯罪道路或自寻短见。一些沾染不良习气的学生，为满足自己不适当的生活需要（吸烟、喝酒、玩游戏机、早恋等），而在校园内公开勒索或敲诈幼小同学，造成各种各样的校园暴力事件，给学生的生命和财产安全带来严重威胁，并给受暴力袭扰的学生心理造成了严重危害。师生关系的某些微妙变化也给学校心理环境带来污染。比如，教师对学生的心理虐待问题（即对犯错误的学生不以正面教育为主，而是肆意讽刺、挖苦、过分强制、无端猜疑等，给学生造成严重的心理伤害）；师生代沟及师生关系庸俗化问题（由纯洁的教学关系转为金钱关系），等等。总之，校园心理环境的建设任务是十分艰巨的，也是十分重要和迫切的。

（二）环境陶冶的途径和形式

1. 优化校园的物质环境

优美、整洁的环境能唤起学生对生活的热爱，有利于培养学生高尚的审美情趣。在校园的环境布置上力求做到绿化、美化、净化、儿童化和教育化，学生在其中学习就会觉得清新、舒适、愉悦。

物质环境的创设其实是教育理念的物化。在物质环境的创设上要以符合小学生的年龄特点和贴近小学生发展为宗旨，既要注重环境的美化、装饰功能，也要注重挖掘各种环境中的心理健康教育功能。通过这种物质性的文化在潜移默化中对学生的认知、情感、思维产生的效应，注重学生在环境中主动活动，获得多元化的学习与发展经验，使身心得到更为充分的发展。

2. 营造良好的文化环境

所谓文化环境，是指存在于人类主体周围并影响主体活动的各种精神文化条件状况的总和。文化环境对人素质的形成和提升，作用独特，影响深远，不容忽视。良好的校园文化环境，对学生形成良好的心理素质起着潜移默化的作用，是培养学生健康心理的一种无形力量，有"久熏幽兰人自香"的教育效果。创建良好的校园文化环境，关键在校园精神文明建设。通过丰富多彩的校园文化活动，可以形成优良的校风，营造出学生喜闻乐见的文化乐园，满足学生活泼、向上的心理需求。校园文化活动的开展，不要为搞活动而搞活动，而应为学生提供参与活动的机会，使学生在活动中获得生活、生存的本领，发展各种能力，学会生存。校园文化活动的内容可以丰富多彩，如创设文化园地、开展课外活动、组织活动课程等。有的学校在校园内创建了陶艺馆，学生在课后、假期可以在此尽情发挥自己的创造力和想象力；有的学校组织学生通讯社、记者站对革命老区和老红军进行采访，这不仅使学生开阔了眼界，增长了知识，受到革命传统的教育，还增强了人际交往的能力。此外，校园文化活动的形式也可以多种多样，如以艺术走廊、宣传窗、壁画等为主题的充满艺术气息的校园文化环境，可以对学生的行为起到导向、激励、规范的作用，使学生在不知不觉中受到了感染、熏陶和鼓舞。在黑板报上专门辟出一角"心理专栏"。并充分利用学校的宣传窗，向学生传授心理卫生知识，如"如何面对挫折""学会调节情绪"等，指导学生以健康的心态去学习和生活；向学生介绍心理疾病的危害，阐明心理健康的重要性，预防学生可能出现的心理问题等。还可以通过校园电视台在固定时间进行集体辅导，并教给孩子们一些优化心理品质的方法，让更多学生受到教育和引导，让学生更深刻地认识自己，达到自我认识、自我发展、自我完善。组织各种学生社团、科学兴趣小组、多姿多彩的竞赛活动、文学社、舞蹈队、合唱团、广播站、航模小组等开展活动，这些科学或艺术文化活动，不仅对培养学生的实践能力、科学兴趣具有明显的作用，同时在这些活动中，学生的非智力因素也能得到培养，如学会与人交往的技巧，懂得欣赏和创造美，独立能力得到提高，能经受困难和挫折的打击，养成吃苦耐劳的精神，懂得劳动成果来之不易，从而珍惜劳动成果等。在这些活动中，教师和学校领导需要对活动的原则、主题和方向加以把握，明确组织校园文化活动的目的不仅是要通过学生自身的体验和探究，激发他们的学习兴趣，发挥其特长以提高分析和解决实际问题的能力，更重要的是帮助他们树立自信，使他们的意志品质得到锻炼。

3. 创设宽松的教育氛围

教育是心与心的交汇，是灵魂对灵魂的告白，是生命节律的和谐振动。能不能使每个学生的人格都得到健康发展，关键在于能不能给他们创设一个充满关爱、平等自主、尊重个性的教育环境，营造一种和谐的教育氛围。

课堂教学心理气氛是在课堂教学中，教育者、受教育者和教育情境相互作用的结果，是教师在科学的教学思想指导下，通过行之有效的调节方式，引导学生沉浸在智力高度紧张、情绪异常愉悦的氛围中，代表了师生双方感情的融洽、和睦与流畅。

在课堂教学中，每一位教师都应当有心理健康教育的意识，都应当承担心理健康教育的任务，不仅要注重挖掘教材本身有关的内容，还应当在自身的教学行为中，以高尚的师德风范在课堂上创设宽容的、支持的、和谐的心理氛围。根据教学目标和教学内容的要求或需要，巧妙地利用课堂上随机出现的情境变化，注重与学生的情感交流、增强心理合作，以平等的态度对待学生，适时调整活动内容与教学策略，最大限度地激发学生发表自己见解的欲望，尊重和采纳学生的合理建议与想法，努力创设和谐向上的心理环境。

4. 建立良好的人际环境

良好的人际关系既是实现心理健康的途径，也是心理健康的标志。我国著名医学心理学专家丁瓒教授曾经指出："人类的心理适应，最主要的就是对人际关系的适应。所以人类的心理病态，主要是由于人际关系的失调而来。"实践证明：群体中团结友爱、互帮互助、和谐的人际关系使人感到温暖，产生安全感；相反，彼此冷漠、互不往来、甚至仇视和猜忌的人际关系使人产生压抑和焦虑，导致多种心理问题，影响身心健康发展。良好的群体心理环境对促进小学生心理健康十分重要。

（1）建立良好的师生关系

师生关系是教师与学生在人际沟通和情感交流中建立起来的心理联系，是学生能直接感受到的心理氛围。师生关系也是学生成长中的基本需求，因为在小学生心理发展过程中，会出现各种心理矛盾和冲突。面对许多复杂的矛盾和困惑时，他们希望得到老师在心理上的理解、支持和保护。这种需求若能得到较好的满足，就会促进学生心理的积极发展；如果师生关系不顺利，就意味着学生积极的心理需要被剥夺，或满足需要的愿望受挫折，学生在思想、情感等方面与教师的沟通就会受阻或不畅，因而学生在一定程度上会产生心理失落或被抛弃的感觉。心理学家通过广泛的调查和研究发现，良好的人际关系，是人生幸福最重要的决定因素。因此学生在学校是否快乐和幸福，与师生关系的好坏有着非常直接的关系。

师生关系对学生心理健康的影响是多方面的。对学生学习、认知、情感、人格和社会性发展，都会产生积极或消极的影响，而且这种影响是深刻的，也是久远的。

教师注意到师生关系的这些特点，主动与学生平等沟通和情感交流，尊重和理解学生，真正接纳学生，积极评价学生，采用适合的方法去引导学生，维护学生的权益和隐私，热忱帮助学生解决成长中的烦恼和困惑，学生自然会喜欢这样的老师。学生在这样的人际环境中就会感到安全、放松、愉悦，对老师有了信任感，情感上乐意和老师接近，身心放松，心理就会处在积极状态。由于学生喜欢教师与喜欢教师所教的学科有很大的相关性，所以良好的师生关系就会对学生学习的热情和求知的欲望产生积极影响。如果学生得到教师的积极的鼓励性的评价，思维将更加活跃，学习的潜能将会被激发，学生的认知水平将得到正常发展。学生从良好的师生关系中得到了尊严感和幸福感，感受到人际关系的美好和温馨，有利于学生对自我形象形成积极而正确的认识，有利于学生很好地度过发展中各个特殊时期，形成良好的个性和人格。

（2）建立良好的学生群体

良好的班集体是学生生活的乐园，是学生茁壮成长的土壤，对学生个体心理健康有相当的促进作用。因此，教师不仅要掌握学生的身心发展的规律，还要研究学生的群体问题，努力使群体对其中的每个成员的心理和行为产生积极的影响。从某种意义上讲，创建班集体的过程，正是班集体人际关系网络形成的过程。在这一形成过程中，作为班主任和科任教师，应力求公正、公平地对待每位学生，以求为班集体营造一个宽容接纳、和睦共处、合力向上的氛围。坚持给每位学生以真诚、纯洁的关怀，有效地消除学生中的对立情绪，改善不良的人际关系，公正消除不健康心理。产生情感上的满足、愉悦，使学生个性在班集体背景下得到健康发展。学会沟通、关心、合作和竞争，既满足了学生自我表现、自我创造的需要，又提高了每个学生的责任感和主动性。

总之，良好的学校环境的创设是学生心理健康教育的重要资源，学校应充分利用其本身生活环境，使之服务于心理健康教育。

第三节　小学生心理健康教育的专门途径

小学心理健康教育的专门途径包括心理健康教育课程、个别心理咨询和团体心理辅导，主要由心理健康教育专职教师负责实施。心理健康教育课程已有专门章节介绍，所以本节仅介绍后面两种专门途径。

一、个别心理咨询

（一）个别心理咨询的含义

个别心理咨询是心理健康教师与学生进行面对面的交流，这种稳定的关系本身就有疗愈的作用。个别咨询有利于解决小学生深层的问题，咨询师可以根据小学生的生活史，现在的主要心理矛盾、心理结构、心理发展阶段、主要防御机制等关键点对今后咨询做出系统的判断和评估。特别是刚开始进行心理咨询时，以个别咨询开始将使小学生较快地获得稳定感，对于接受团体辅导起前导作用。

（二）个别心理咨询的阶段

学校个别心理咨询的步骤一般分为开始阶段、指导与帮助阶段、巩固与结束阶段。

1. 开始阶段

开始阶段是个体心理咨询的第一步，是整个心理咨询的基础。小学心理健康教师，必须高度重视心理咨询的开始阶段，机智慎重地完成这个阶段的工作。

开始阶段需要完成的任务有三项，即建立咨询关系、掌握来访学生的资料及进行分析、诊断。

（1）建立咨询关系

咨询教师与来访学生必须建立起信任、真诚、接纳的咨询关系。这是个体心理咨询的起点和基础。这种关系有助于咨询教师了解学生的真实情况，准确确定咨询目标并有效达到目标；对学生而言，基于这种积极的关系，才会与咨询教师积极合作，对心理咨询抱有热情和信心，从而有助于提高咨询效果。此外，这种积极的关系也给学生提供了一种良好的人际关系的范例，使其能在咨询环境之外加以运用，提高人际交往的能力。能否建立起积极的咨询关系，咨询教师担负着重要责任。

在初次会谈时，咨询教师要向来寻求指导和帮助的学生进行简明扼要的自我介绍。在简短的自我介绍后，可以允许有短暂的沉默，主要目的在于给来访学生一个整理思绪的机会，使他能完整地表达自己想说的话。

在初次会谈时，咨询教师可以就咨询的性质、限度、角色、目标以及特殊关系等向对方做出解释。解释的内容包括时间的限制、会谈的次数、保密性、正常的期望等。对这些问题的说明，可以减少对方的困惑，消除因此而引发的焦虑，也使对方不致对咨询产生不当或过高的期望。在初次会谈中，有必要澄清保密性的问题：对咨询过程中必要的记录给予说明，对所谈内容和隐私权的保密与尊重做出肯定性承诺，以此消除来访学生的戒备心理。

对来访学生要热情有礼、耐心慎重，装束整洁得体，行为举止落落大方。初次会谈，来访学生往往比较紧张、局促，因此咨询教师的态度会对其心理产生很大的影响。热情友好的态度给人以亲切感，可有效拉近双方的距离，特别是他们在受心理困扰时，热情友好的态度本身就是一种力量、一种希望、一种安慰，能在很大程度上降低其焦虑水平。

要建立并保持积极的咨询关系，还需要咨询教师掌握一些有效的方法，如无条件的积极尊重、准确的共情和真诚。

（2）掌握来访学生的资料

收集与来访学生有关的各种资料，通过会谈、观察、倾听、心理测验等方式，了解对方的基本情况及存在的心理问题。

来访学生的基本情况包括姓名、年龄、班级、家庭及社会生活背景、自身的生活经历、兴趣爱好、学习生活近况及有无心理咨询经验等。通过对基本情况的了解，掌握其过去、现在各方面的活动及生活方式。对来访学生基本情况的掌握，有助于对其主要心理问题的把握。

认识来访学生的心理问题是确定心理咨询目标的基础。这一般比收集基本情况要复杂得多，因为来访学生一般心存顾虑，往往不愿直截了当地把面临的心理问题如实暴露出来，或是他们自己也弄不清问题的实质，只是感觉到困扰，希望改变现状。需要了解的心理问题涉及多方面，咨询教师要通过收集有关资料弄清心理问题的性质、持续时间及产生原因。

（3）进行分析、诊断

在收集资料的同时，分析、诊断就已相伴出现。分析、诊断是在收集资料的基础上，进一步明确心理问题的实质、程度及原因，并对其做出正确的评估。分析、诊断包括下列内容。

①确定心理问题的类型及性质，决定咨询的适应性。咨询教师首先要确定心理问题的性质，是属于学习问题，还是人际关系问题，或者是其他方面的问题；是属于发展性问题、适应性问题，还是障碍性问题。考虑心理咨询的适应性对于心理咨询的实施是十分必要的，因为有些问题不属于一般心理咨询能解决的，如属于器质性疾病，应及时介绍到医院就诊；如属于精神疾病，应及时转送精神病院接受治疗；如属于障碍性心理问题，也可介绍到综合医院开设的心理咨询门诊接受心理治疗。

②分析心理问题的程度，以区别对待。心理咨询的对象有的存在适应性问题，有的存在发展性问题。虽然这两类来访学生的心理状态都正常，但仍然有程度上的差别：前者在学习、生活等方面出现了心理上的不适应，可以通过个别咨询等方式予以必要的指导；而后者可能并未对自身的心理问题产生自觉的意识，因此，可以通过心理咨询讲座、课程等方式，予以指导与训练，强化其心理品质。

③寻找心理问题产生的原因。寻找原因是诊断来访学生心理问题的重要组成部分。造成来访学生心理问题的原因是多方面的，需要从两个不同侧面入手，即一般原因分析和深层原因分析。一般原因分析就是针对心理问题形成的生物学因素和心理社会因素进行全方位的搜索。深层原因分析是对产生心理问题的主要心理原因进行剖析。不同的心理咨询理论和方法，往往从不同的角度寻找并发现心理问题的根源。如精神分析理论重视从无意识的矛盾冲突、幼年生活经历中寻找根源；行为主义理论重视对行为的分析，发现原因；认知理论认为不良情绪、反应是认知错误造成，来访学生的非理性认知是其心理问题产生的原因；人本主义理论认为人有各种需要，而造成心理失调的原因是人的需要不能得到满足，自我意识发生扭曲，内在潜能不能发挥出来。如果能够把握住心理问题产生的深层原因，将为心理问题的解决奠定最重要的基础。

2. 指导与帮助阶段

经过开始阶段，心理咨询进入了解决问题阶段，即指导与帮助阶段，这一阶段主要完成的任务有三项：制定咨询目标，选择咨询方案，实施指导与帮助。

（1）制定咨询目标

心理咨询的目标，就是心理咨询所追求的结果与所要达到的目的，咨询目标的确立，在咨询过程中有重要的价值。为保证心理咨询的顺利进行，制定咨询目标应遵循一些基本的原则。

①必须由咨询双方共同制定目标。咨询目标的制定，必须要咨询教师和来访学生共同

配合、互相交流并最终达成一致。这样的咨询目标才比较客观、真实，才能使双方共同努力去实现目标。共同制定咨询目标，第一，要求咨询双方在心理问题的把握和原因分析上取得一致意见，为此咨询教师要鼓励并引导来访学生全面、深入地倾述和反映，同时咨询教师也必须将自己的认识、看法、结论反馈给来访学生。第二，咨询教师要引导和鼓励来访学生思考和提出自己的要求，坦诚提出对咨询目标的看法。若双方意见有分歧，应认真分析，是表述上的不同还是内容上的差异，是掌握材料不够还是看问题角度不同，是不是局部目标与整体目标上的差异等，在此基础上逐步达成一致。

②保证心理咨询目标的针对性。咨询目标的针对性，即解决心理问题而不是其他问题。在学校心理咨询中，经常会遇到一些不属于心理方面的问题，如学生经济上发生困难、考试不及格等。这些问题虽然使来访学生感到不安，但心理咨询的目标只能是帮助来访学生调整认知和心态而不是直接解决这些问题本身。

③中间目标与终极目标相统一。中间目标是心理咨询过程中所要达到的具体目标，而终极目标则是实现人的心理健康、潜能的充分发掘和人格的完善。中间目标是向终极目标发展的步骤。确定心理咨询的目标，应强调中间目标与终极目标的辩证统一，即咨询双方不仅要解决来访学生当前所面临的具体问题，更应该从提高心理健康水平、充分发掘潜能、促进人格发展着眼，把终极目标融于中间目标，以终极目标引导中间目标，通过中间目标的实现达到终极目标的完成。在心理咨询的实践中，要实现两种目标的统一，咨询双方不仅要发现具体的心理问题及引发原因，还要就此发掘其性格特点、心理素质等方面的不足；不仅使来访学生在具体问题上掌握心理调节的技能与方法，而且能使这些技能迁移到类似的情境中去。

④心理咨询目标必须具体、可行。来访学生的表述有时比较具体、明确，如考试焦虑、失眠问题等，但有时比较笼统、抽象，如希望有较强的学习能力、善于交往等。这样的目标因大而空泛，既难以操作、落实，又无从对咨询效果进行评估，因此，心理咨询很难进行。这就需要咨询双方经过商讨，共同将抽象的目标具体化，模糊的目标清晰化。总之，咨询目标必须具有可行性。

（2）选择咨询方案

选择咨询方案，包括咨询方法的选定以及为实施这些方法而制定的具体计划。解决来访学生心理问题的方法是多种多样的，有许多咨询方法可供利用，如"支持与安慰""内省与领悟""训练与学习""疏导与宣泄""暗示"等。每种咨询方法对解决心理问题均有一定的针对性，并有其相应的实施过程。选择咨询方案，首先要根据心理咨询的目标，选取相应的咨询方法，然后按其实施过程的要求制定具体操作计划。选择咨询方案应明确下列内容：①所采取咨询方法的目标；②该方法的实施要求，即该做什么，如何去做，以及不做什么；③该方法是否能达到预期的目的；④告诉来访学生必须对心理咨询的过程抱有足够的耐心，这些方法不可能立即产生奇迹，所有的改变都是循序渐进的。

（3）实施指导与帮助

实施指导与帮助，不同的咨询方法有不同的要求与做法。可灵活运用鼓励、指导与解释，对来访学生的积极方面给予真诚的表扬、鼓励和支持，增强来访学生的自信，促进其积极行为的增长；可以直接指导来访学生做某件事、说某些话，或以某种方式行动；可以通过解释，使来访学生从一个全新、全面的角度面对自己的问题，重新认识自己及周围的环境，从而提高认识能力，促进其人格的完善和问题的解决。

3．巩固和结束阶段

经过前两阶段咨询双方的共同努力，基本达到既定的咨询目标后，即进入心理咨询的巩固与结束阶段。这一阶段心理咨询的工作主要是巩固效果和追踪调查。

（1）巩固效果

巩固已取得的咨询效果，是结束咨询之前必须完成的一项任务。具体工作有以下几项。

①咨询教师应向来访学生指出其已经取得的成绩与进步，说明已基本达到既定的咨询目标。咨询教师和来访学生对此应达成共识。来访学生认识到自己的进步，对他不仅是巨大的鼓舞，也是一种暗示，即预示着心理咨询的过程即将结束，使来访学生对此做好心理准备。为此，咨询教师应耐心、具体地分析来访学生所取得的成绩，指导来访学生真正认识到自己的进步。

②咨询教师应和来访学生一同就其心理问题和咨询过程进行回顾总结。重新审视来访学生心理问题的前因后果，以及据此确定的咨询目标、咨询方法、咨询过程中出现的问题和进展等，对前两个阶段进行总结。这有助于帮助来访学生加深对自己问题的认识，总结咨询经验，了解努力的方向，获得有益的启示。这种总结本身就具有巩固、优化咨询效果的意义。最好是由来访学生通过咨询教师的启发做出总结。

③指导来访学生巩固已有的进步，将获得的经验运用到日常生活中去，并逐步稳定、内化为来访学生的观念、行为方式和能力，使之能独立有效地适应环境。应指出从学习"经验"到运用"经验"尚有一段距离。通常来访学生在咨询教师的指导下，在特定条件下能表现其习得的经验，但当其独立面对实际生活环境时，又显得难以应付。这既有经验掌握尚未牢固的原因，也有其自信心不足的心理因素。能否顺利完成这一过渡，是能否实现"结束"咨询的前提条件。

（2）追踪调查

为了了解来访学生能否运用获得的经验适应环境，进而最终了解整个咨询过程是否成功，咨询教师必须对来访学生进行追踪调查。追踪调查应在咨询基本结束后的数月至一年间进行。时间过短，调查结果的真实性难以保证；时间太长，亦不能及时了解情况，发现问题，同时也增加了调查工作的难度。在学校心理咨询中，追踪调查可采用以下方式进行。

①填写信息反馈表。信息反馈表一般是由心理咨询机构统一印制，咨询教师应嘱咐来访学生定期填写并反馈给咨询教师。

②约请来访学生定期前来面谈。咨询教师与来访学生面谈是直接了解咨询效果的有效方式。这种方式获得的信息量大，容易深入，也便于咨询教师及时察觉问题，并适时予以

进一步指导。

③访问他人。向了解来访学生学习、生活等情况的人，如父母、班主任、同学、关系密切的朋友等了解来访学生现在的适应状况。这种做法一般比较客观。如果能将这种方式所获得的信息与其他方式反馈的信息综合起来考察，得出的结论将更全面、真实。运用这种方法时，必须注意维护来访学生的利益，保护其自尊和隐私，注意保密原则，因此，有时需要以间接、委婉的方式进行。

经过追踪调查，可能会有几种不同的结果：一是咨询效果显著，即来访学生的问题已经解决，此时可结束心理咨询过程；二是咨询有效果，但问题尚未完全解决；三是咨询效果不大，问题基本没有解决。若是后两种情况，则应继续咨询过程。咨询结束的过程并非一蹴而就的，仍需掌握一定的结束咨询过程的技巧。在整个咨询过程即将结束之前，应让来访学生明白咨询关系即将终止，从而使其对结束有心理准备，对结束后的生活有一定的心理准备。为此，必须向来访学生说明其心理问题已基本得到解决，通过咨询来访学生已获得了经验，增长了能力，已经能够应付生活环境，继续保持咨询关系将不利于其成长。同时，如有必要，心理咨询机构还会再次给予关心和帮助。向来访学生说明结束咨询时，应尽可能以交谈的方式进行，暗示来访学生结束咨询是件自然、平常的事情。

逐渐结束的方式也常被运用。逐渐结束的方式有两种：一是拉长两次会谈的时间，如果原来是每周会谈一次，到咨询末期改为两周甚至一月一次；二是减少每次会谈的时间，即由原来每次会谈一小时缩短为每次半小时甚至更短的时间。

二、团体心理辅导

团体心理辅导是在团体的情境下进行的一种心理辅导形式，它是通过团体内人际交互作用，促使个体在交往中观察、学习、体验，认识自我、探索自我、调整改善与他人的关系，学习新的态度与行为方式，以促进良好的适应与发展的助人过程。

（一）团体心理辅导的阶段及目标

通过启发性的活动和团体成员间坦诚的交流，引发团体成员正面的改变，促进团体成员的互助与支持，增进团体成员的成长。团体主要可分为：人际交往团体、增强自信团体、压力缓解团体、合作精神团体、创新思维团体及其他主题团体。

1. 团体咨询前的准备阶段

（1）确定团体目标

团体心理辅导常因团体目标的不同、发展阶段的不同、参加的对象和规模不同而采取不同的方法、活动形式。从组织和实施的角度看，所有的团体心理辅导首先必须确定团体的目标，而后才能设计团体活动的计划，确定规模，组成团体。确定团体辅导的目标，最好先从了解学生对团体的需求入手。一旦目标确定，成员的类型也就确定了。

（2）确定团体的规模

团体规模过小，人数太少，团体活动的丰富性欠缺及成员交互作用的范围太小，成员会感到不满足、有压力，容易出现紧张、乏味、不舒畅的感觉；团体规模过大，人数太多，团体指导者难以关注每一个成员，成员之间沟通不易，参与和交往的机会受到限制，团体凝聚力难以建立，并且妨碍成员分享、交流，时间不够，致使在探讨原因、处理问题、学习技能时流于草率、片面、表面，影响活动的效果。一般来讲，一个儿童团体可容纳的成员人数较成人团体少。六七岁的儿童所组成的团体，以3~4人为宜；小学中高年级的儿童团体，人数以7~8人为限。成员太少会缺乏团体的功能，人数太多则会使秩序的维护发生困难和每个成员成为焦点的时间变少。同一个团体成员的年龄相差不宜过大，通常年龄差距在两岁以内为宜。

（3）确定团体活动的时间安排

儿童随其成熟的程度不同，注意力集中的时间长度也不同。通常，六七岁的儿童，每次活动的时间长度以20~30分钟为宜；到小学中高年级时，每次活动时间则可以延长到40~50分钟。团体的活动次数根据团体性质不同、成员的困扰程度和介入策略不同，可以安排6~12次，每周活动2~3次。活动时段的挑选，可考虑利用弹性课程时间、午休，或放学后的时间。团体活动次数太少，每次活动间隔太长，或是活动时间安排不当，都会影响团体的效果。

（4）选定团体活动的场所

对团体活动的场所的基本要求有：避免团体成员分心；让团体成员有安全感；有足够的空间可以活动身体；环境舒适、温馨、优雅，使人情绪稳定、放松。由于不同年龄的儿童适合采取不同的团体形式，所需要的团体环境亦有所不同。低年龄层的儿童团体人数较少，空间不宜太大，有必须放置的玩具；中高年龄层儿童较能以语言进行沟通，适当的书面资料及海报等教具的应用可以增添活动的吸引力。

（5）设计团体咨询的计划

确定每次团体活动的分目标，活动的内容及形式，所需时间、道具及材料等，并列出计划书。活动设计宜浅显易懂，活泼有趣，能吸引学生参与。一般而言，较结构式的团体计划内容应包括以下10个项目：团体名称，团体指导者，拟招收成员的性质，人数及筛选方式，团体活动时间的安排，团体的理念与依据，团体目标，团体评估方法，团体过程表（即各次活动的单元名称、单元目标、预定进行的活动名称），团体单元计划，此外还包括团体宣传、预算、参与团体契约书、团体评估工具、其他相关资料，如活动中用到的图、表、文章等资料。

（6）甄选成员组成团体

团体指导者在筹划团体心理辅导时，应该根据团体的目标明确服务对象。从团体心理辅导的特点看，参加团体的成员应具备以下三个条件：自愿报名参加，并有改变自我和发展自我的愿望；愿意与他人交流，并具有与他人交流的能力；能坚持参加团体活动全过程，并遵守团体的各项规则。儿童团体成员的可能来源包括：儿童自己、家长或老师推荐前来报名；辅导人员从现在或过去所接触的相关案例中挑选出来；老师依据团体设计者所列出的行为筛选单，从其所任教班级中推荐符合条件者。报名和推荐参加者并非都适合团体，筛选成员可采用多重评估方式进行，如行为观察、个别面谈等。儿童有参与的愿望，还须征得老师与家长同意。此外，为了吸引小朋友的参与与避免负向的标签作用，进行成员招募的所有宣传资料应以正向、活泼、亮丽的形式呈现。为团体取一个让小朋友感到亲切羡慕的名称，如"喜羊羊俱乐部""猫头鹰团体"等名称，容易受到小朋友的欢迎。

2. 团体开始阶段的目标与技术

（1）团体开始阶段的目标

任何一个团体心理辅导都会经历从启动、过渡、成熟、结束的发展过程。在整个团体过程中，每个阶段都是连续的、相互影响的。团体心理辅导开始阶段的目标是使成员尽快相识，建立信任感；订立团体契约，建立与强化团体规范，重申保密的重要；鼓励成员投入团体，积极互动；处理焦虑及防卫或抗拒等情绪；及时讨论和处理团体中出现的问题。

（2）团体开始阶段的话题

团体开始时，互不相识的学生一方面很想认识其他成员，同时会有点恐惧感、焦虑感，不知道团体可以做什么。指导者在自我介绍后可以提出一些建设性的话题。

①大家彼此认识吗？让我们各自找一个伴，问他的姓名以及他最想做什么样的人。然后，把他介绍给大家认识。

②以后每周这个时间我们都会一起活动，互相帮助来处理我们共同关心的事情和困难。在这个团体中，我们可以自由畅谈我们所关心的任何事情。

③我们在这里谈论的事情都与我们自己相关。因此，不要把这些事告诉与我们在座各位无关的人。

（3）团体开始阶段的技术

①环境创设。"良好的开始是成功的一半。"儿童团体指导者对于第一次团体活动不能掉以轻心，必须精心规划，以使后续的团体活动得以顺利开展。开始时，指导者可以将团体室布置得活泼生动些，安排一些自然、简单、容易吸引小朋友的活动，以亲切愉悦的态度欢迎成员到来。例如，提供一些吸引小朋友的玩具或点心，陪伴先到的小朋友阅读故事书，或做一些简易的游戏活动等，都会让小朋友容易开始加入后续的团体活动中。

讲故事、看画报、角色扮演也是引发儿童开始讨论的好方法。

②制作胸卡。为了协助成员互相认识，指导者可以事先将胸卡制作好，儿童一到团体中就戴上，以方便相互认识。胸卡内容可以标示姓名及班级，并附上可爱的图案。为了增加归属感，胸卡的图案可以让小朋友自己选择并涂上色彩。如团体人数较少，则不一定要戴胸卡，但一定要进行相互认识的活动，并安排一些简单有趣的人际活动，以协助小朋友相互认识熟悉。

③热身活动。在团体开始之初，为克服陌生感，增进成员了解，拉近彼此距离，可举行一些热身活动，激发个人参与团体活动的热忱。例如，座位可以采取圆形方式，以产生团体动力，使每一位成员都能面对面，平等交往；可以从唱唱跳跳等游戏开始，也可以从非语言的身体运动开始，如"微笑握手""无家可归""推气球""寻找我的伙伴"等。在游戏中体会团体的作用，在活动中放下紧张、焦虑和不安的情绪，不知不觉中融入团体。

④建立团体规则。为保证团体活动顺利进行，需要成员共同遵守一些规则。团体开始阶段，可以要求成员自己讨论团体契约，便于自觉遵守和互相提醒；也可以由指导者提出，得到成员的复议，如准时参加、集中注意、坦诚相待、保守秘密、全心投入等。儿童团体的基本规则有：

第一，保守秘密。

第二，不可攻击他人。

第三，不在团体时间吃零食。

第四，当别人说话时要注意听，不随便插话和打断。

第五，准时出席，中途离开团体必须告诉老师。

⑤团体初期活动。团体初期的非语言的活动：轻松体操、微笑握手、拍打穴位、信任之旅等。相识活动：两人组自我介绍、四人组相互介绍、六人组关注练习、八人组连环介绍、句子完成法、组歌等。增进团体信任的活动：信任跌倒、同舟共济等。

3．团体中间阶段的目标与方法

（1）团体中间阶段的目标

团体心理辅导中期的目标是增强团体凝聚力；激发成员思考；促进团体成员互动；引发团体成员讨论；通过团体合作，寻找解决对策；鼓励成员从团体中学习并获得最大收益；评估成员对团体的兴趣与投入的程度。

（2）团体中间阶段的特征

团体中间阶段是团体咨询与治疗的关键阶段。尽管各类团体心理辅导依据的理论不同、目标不同、活动方式不同、实施方法各异，但成员间相互影响的过程是相同的。即成员彼此谈论自己或别人的心理问题和成长体验，争取别人的理解、支持、指导；利用团体内的人际互动反应，发现自己的缺点与弱点、存在的不足，努力加以纠正；把团体作为实验场所，练习改善自己的心理与行为，以期能扩展到现实社会生活中。

（3）团体中间阶段技术

①与个别咨询相似的团体咨询技术：倾听、同感、复述、反映、澄清、支持、解释、询问、面质、自我表露等。

②促进团体互动的技术：阻止、联结、运用眼神、聚焦、引话、切话、观察等。

③不同目的所用的各种活动：促进团体凝聚力活动，例如图画完成、故事完成、突围；催化自我探索的活动，例如我是谁、生命线、自画像；深入价值观探索的活动，例如火光熊熊、生存选择；加强互动沟通的活动，例如脑力激荡、热座、镜中人。

4．团体结束阶段的目标与方法

（1）团体结束阶段的目标

团体心理辅导结束阶段的目标是：回顾与总结团体经验；评价成员的成长与变化，提出希望；协助成员对团体经历作出个人的评估；鼓励成员表达对团体结束的个人感受；让全体成员共同商议如何面对及处理已建立的关系；对团体咨询与治疗的效果作出评估；检查团体中未解决的问题；帮助成员把团体中的转变应用于生活中；规划团体结束后的追踪调查。

（2）指导者要处理的问题

①提前宣告团体即将结束。在团体最后两到三次活动时，预告团体结束的时间。团体活动次数越多、持续时间越长，或团体成员凝聚力越高、成员曾有失落悲伤经验者，则宜再提早一些时间预告团体即将结束，使儿童可以有充分时间做好心理准备，指导者也有足够的时间在必要时妥善处理成员的分离失落情绪。

②带领成员回顾团体历程。指导者可通过复习团体活动，回忆团体中的重要事件等方式，带领成员回顾团体的经验，准备加以统整。

③协助成员做好面对未来生活的准备。指导者可引导成员制定团体结束后个人想努力达到的具体行为目标，相互约定，彼此勉励，以使团体成效得以维持并扩展。

④进行团体成效评估。可通过成员填答问卷、分享自己在团体中的体验和成就、展示团体中的作品或作业练习的成果、成员彼此勉励等方式，协助成员整理自己的团体经验。

⑤互相道别与祝福。让成员有机会彼此——道谢与话别，互赠卡片，表达相互期望与祝福，使团体在温馨、积极、圆满的气氛中顺利完整地结束。成功的告别，对于有分离焦虑的儿童是一项重要的学习课题。成员会珍惜这段团体经历，在丰富、完整、愉悦而非感伤、痛苦、不情愿的气氛中相互告别。圆满的结束，将有助于儿童勇敢地迈向没有团体成员和指导者扶持的生活。

（3）团体结束技术

常用团体结束的技术有：结束预告、整理所得、角色扮演、修改行动计划、处理分离情绪、给予与接受反馈、追踪活动、效能评估。结束活动的方式可分为三种：回顾与总结、祝福与道别、计划与展望。常用结束团体的形式有以下六种。

①轮流发言：使每个成员都有机会发表意见，与大家分享自己的心得。

②结对交谈：两人一组有助于成员的充分交流，轻松表达，鼓舞士气。

③成员总结：由一个或多个成员总结，回顾团体过程，其他成员补充。

④领导总结：团体指导者做总结，若有遗漏，成员可以补充。

⑤作业分享：请成员将自己的感受、对其他成员的期望等写下来，然后分享。

⑥游戏活动：可以采用化装舞会、围圈唱歌、拥抱握手、联谊会、大团圆等。

（二）团体指导者的影响

1．儿童团体指导者的角色

（1）指导者的角色

儿童团体咨询的指导者首先是儿童中的领导，他必须利用自己的知识和技巧使团体成员发挥他们的能力，实现他们的个人目标。为此，他要设计一套团体咨询的计划，提供适当的学习机会，控制整个情境，为团体成员建立行为模式，促进意见交流，让成员尽量表达他们的思想、情感和意见。

（2）调解员的角色

儿童团体咨询过程中，成员之间可能产生矛盾，甚至引发冲突，个别成员不遵守团体规范现象也可能出现。这时，指导者就要做一个调解人，去解决这些矛盾和纷争。只有妥善处理好这些矛盾，团体才可能顺利发展。

（3）教师的角色

儿童团体咨询的指导者常常担当教师角色。在必要的时候，要像老师一样为团体成员讲授新的概念、理论与方法，提供新信息，介绍新价值。同时，他还要以身作则为团体成员作示范，以适当的行为为团体成员提供模仿的榜样。

（4）好朋友的角色

儿童团体咨询的指导者同时是团体的一员，应该与儿童一样积极地参与互动，与儿童打成一片，让儿童感到亲切和可信。因此，指导者需要常常把自己当做团体内一个普通成员，专心地观察儿童的一举一动，全身心地接受，而不妄加评判。这种平等的、依赖的、尊重的、亲密的、融洽的气氛，能使团体成员减轻自我防卫心理，真实地表现自己，安全地探索自己。

由此可见，团体指导者在团体咨询中扮演的角色是多种多样的，需要根据团体的性质、因时、因地、因环境以及团体活动做出灵活的选择，扮演最适宜的角色，促进团体发展。

2. 团体过程中指导者的职责

（1）注意调动成员的参与积极性

指导者应积极关注团体内每一个儿童，认真观察他们的心态变化，激发成员大胆表达自己的意见、看法，鼓励成员相互交流，开放自我、积极讨论，引起他们对团体活动的兴趣。

（2）适度参与并引导

指导员应根据团体的实际情况，把握自己的角色，发挥指导者的作用。在团体形成初期，成员相互尚不了解，团体气氛尚未形成，指导者要以一个成员的身份参与活动，为其他成员做出榜样，同时随时适当加以引导。对不善于表达的成员给以适当的鼓励，适当制止过分活跃成员的言行。

（3）创造融洽的团体气氛

气氛是指团体经验所给予每个成员的心理环境。团体咨询过程中，指导者最主要的职责之一是创造良好的团体气氛，使成员之间互相尊重、互相关心，使团体充满温暖、理解、同情、安全的气氛。在这种气氛中，团体成员可以真实地、毫无顾忌地、坦率地表达自己，成员彼此互相接纳，共同成长。

（4）严格遵守职业伦理道德

团体指导者要以成员的利益为重，保护当事人利益不受侵害，保守秘密，尊重成员的隐私权，尊重成员参加团体的自愿选择权；精心选择团体活动方式；了解哪些行为是违反职业道德的，严格遵守心理咨询工作者的伦理要求。

（三）团体心理辅导的评估方法

团体心理辅导是否达到预期目标？团体效果是否良好？团体咨询工作方法是否正确？

团体成员是否满意？团体合作是否充分？今后组织团体心理辅导可以做哪些改进？这是团体心理辅导总结阶段一项重要的工作。团体评估所包含的范围相当广泛，评估也有不同的目的、不同的方法。团体评估主要是指通过不同的方法，搜集有关团体目标达成的程度、成员在团体内的表现、团体特征、成员对团体活动的满意程度等，帮助团体指导者及团体成员了解团体咨询的成效。由于不同的团体评估的重点不同，选取的评估方法也会有区别。例如，在治疗性团体评估中，指导者更关注成员思维和行为的改变；在互助和成长团体评估中，指导者会更关心成员间的沟通状况，人际关系和相互支持网络的建立。因此，团体指导者进行团体评估时必须根据团体的目标而制定一套适合的评估步骤与方法。

思 考 题

1. 小学生心理健康教育的基本途径有哪些？
2. 小学生心理健康教育的基本方法和要求有哪些？
3. 小学生心理健康教育全面渗透的重要性是什么？
4. 简述小学生心理健康教育环境陶冶的途径和形式。

参 考 文 献

[1] 牧新义，白世国，安莉娟. 小学生心理健康教育 ［M］. 北京：北京师范大学出版社，2017.

[2] 彭跃红，贺小卫. 小学生心理健康教育 ［M］. 北京：清华大学出版社，2018.

[3] 周天梅，吴忠才. 小学心理健康教育原理与实践 ［M］. 武汉：武汉大学出版社，2014.

[4] 惠中，邹萍. 小学生心理健康与辅导 ［M］. 北京：中国人民大学出版社，2021.

[5] 刘视湘，郑日昌. 小学生心理健康教育 ［M］. 北京：开明出版社，2012.

[6] 汪明，董文. 小学生心理发展与教育教程 ［M］. 芜湖：安徽师范大学出版社，2016.

[7] 彭小虎. 小学生心理辅导 ［M］. 上海：华东师范大学出版社，2012.

[8] 郭黎岩，王冰. 小学生心理健康与辅导（第三版） ［M］. 北京：高等教育出版社，2020.

[9] 张明. 小学生心理健康教育 ［M］. 北京：中国轻工业出版社，2008.

[10] 郭黎岩. 小学生心理健康与辅导（第二版）［M］. 北京：高等教育出版社，2014.

[11] 张艺馨. 小学生心理辅导与咨询 ［M］. 北京：北京师范大学出版社，2013.

[12] 殷炳江. 小学生心理健康教育 ［M］. 北京：人民教育出版社，2003.

[13] 万翼，郭斯萍. 小学生心理健康教育 ［M］. 江西：江西高校出版社，2007.

[14] 姚炎昕，李晓军. 小学生心理辅导 ［M］. 苏州：江苏大学出版社，2010.

[15] 刘金明. 小学生心理辅导活动指南 ［M］. 天津：天津教育出版社，2002.